EBAY-
UMSATZMILLIONÄRE
2014

Marion von Kuczkowski

Impressum
Marion von Kuczkowski
Kontakt: **mvk@tmta.de**
Webseite: **www.take-me-to-auction.de**
Korrektorat: Claudia Heinen
Coverdesign: © fotomek - Fotolia.com

ISBN-13: 978-1502995186
ISBN-10: 1502995182

Printed in Germany
By Amazon Distribution GmbH, Leipzig

Inhaltsverzeichnis

Vorwort

Ein erfolgreiches eBay-Unternehmen baut man nicht über Nacht auf.

Neben Zeit und Erfahrung gehören herausragende Markt- und Marktplatzkenntnisse zu den Grundpfeilern, die nötig sind, um ein einträgliches eBay-Unternehmen aufzubauen.

In „eBay-Umsatzmillionäre 2014" habe ich die Angebote von 432 eBay-Verkäufern analysiert, die auf dem deutschen eBay-Marktplatz einen Umsatz von mindestens 100.000 Euro pro Monat generieren und die Auswertungen liefern die Antworten auf die Fragen, die sich jeder ambitionierte eBay-Verkäufer stellen sollte, der bei eBay erfolgreich verkaufen möchte, wie z. B.:

- Was verkauft sich gut bei eBay? Was sind die Bestseller der eBay-Umsatzmillionäre?
- Wie hoch ist der durchschnittliche Verkaufspreis der bei eBay verkauften Artikel?
- An welchen Tagen werden bei eBay die meisten Artikel verkauft und an welchen Tagen werden bei eBay die höchsten Verkaufspreise erzielt?
- Welche Angebotslaufzeit hat sich in Bezug auf Verkaufspreis und Verkaufsquote bewährt?
- Wie hoch ist der Anteil an Auktionen im Formatmix der Verkäufer?

Erfahren Sie in „eBay-Umsatzmillionäre 2014" wie die Erfolgszahlen von 432 eBay-Umsatzmillionären aussehen und holen Sie sich Anregungen, wie Sie Ihre eigenen eBay-Angebote perfektionieren können.

Etablierte eBay-Unternehmen haben den Vorteil, dass sie bereits viel Zeit investiert und Erfahrungen gesammelt haben, aber auch sie haben einmal bei null angefangen und müssen täglich daran arbeiten, den Anforderungen des dynamischen eBay-Marktplatzes gerecht zu werden.

Die Auswertungen in diesem Buch zeigen, dass es auch bei den eBay-Umsatzmillionären Optimierungspotenzial gibt und dass ehrgeizige Newcomer durchaus auch heute noch Chancen haben, bei eBay durchzustarten.

Einleitung

eBay wurde 1995 von Pierre Omidyar gegründet und hat sich seit der Gründung vor nunmehr 19 Jahren zu einer gigantischen Umsatzmaschine entwickelt.

Der deutsche eBay-Marktplatz wurde Anfang 1999 als Auktionsplattform „Alando.de" gegründet und im Juni 1999 von eBay übernommen.

Von den eBay-Mitgliedern, die sich bereits 1999 bei eBay angemeldet haben, sind heute noch 340.000 aktiv.

Im August 2014[*1] sind bei eBay neben 5,4 Millionen privaten Verkäufern auch 175.000 gewerbliche Verkäufer aktiv – Zahlen, die sich seit der letzten Auswertung 2012 (offiziell) nicht geändert haben.

Bei eBay sind ständig mehr als 70 Millionen Artikel in über 50.000 Kategorien im Angebot.

Der Anteil der Auktionen ist weltweit auf 22 % gesunken, d. h., 78 % der Angebote werden zum Festpreis angeboten.

Den Flohmarktcharakter hat eBay längst abgelegt – 80 % der heute bei eBay angebotenen Artikel sind Neuware.

Hunderttausende Verkäufer weltweit bestreiten mit dem Verkauf auf eBay ihren Lebensunterhalt.

2012 habe ich die Angebote von 99 deutschen eBay-Umsatzmillionären[*2] analysiert.

Alle analysierten Verkäufer haben 2012 im Auswertungszeitraum einen Umsatz von mindestens 100.000 Euro pro Monat generiert.

Zwei Jahre sind seitdem ins Land gegangen – zwei Jahre, in denen sich bei eBay vieles verändert hat, und so war ich gespannt auf die erneute Auswertung der Zahlen der 99 Umsatzmillionäre 2012 und tatsächlich halten die Ergebnisse einige Überraschungen bereit.

Für die Auswertung 2014 habe ich die Angebote von insgesamt 432 eBay-Umsatzmillionären analysiert und mich dabei im Gegensatz zur Auswertung 2012 nicht ausschließlich auf deutsche eBay-Verkäufer beschränkt.

Die Daten wurden zwischen Ende August 2014 und Ende September 2014 erhoben, wobei bei jedem Verkäufer ein exakter Zeitraum von 30 Tagen analysiert wurde.

Diese Analyse ist eine Momentaufnahme, die sich auf den ausgewerteten Zeitraum bezieht.

Im ausgewerteten Zeitraum August-September findet auf dem eBay-Marktplatz typischerweise ein Saisonwechsel statt. Verkäufer von klassischen Sommerartikeln wie Swimmingpools, Gartenmöbeln, Grills und anderen Sommersaisonartikeln schließen die Saison bereits ab, während die Verkäufer der Wintersaisonartikel gerade erst am Anfang ihrer Saison stehen. Bei der Auswertung hat sich allerdings gezeigt, dass der Zeitraum ganz gut gewählt war, weil ich so noch viele scheidende Sommerartikelverkäufer erwischt habe, aber auch schon die ersten Verkäufer analysieren konnte, die typische Winterartikel wie Kamine oder Skier verkaufen.

Damit ist gerade die Liste der Bestseller am Ende sehr interessant geworden, weil sie eine unglaubliche Bandbreite der bei eBay verkauften Artikel abbildet, die nicht saisonal beschränkt ist.

Das wäre mir mit einer Auswertung inmitten einer Saison sicher nicht gelungen, insofern denke ich, dass der Zeitpunkt der Auswertung recht gut gewählt war.

Um Ihnen einen Vorgeschmack auf die analysierten Daten zu geben, möchte ich gleich zu Beginn mit einigen eindrucksvollen Zahlen aufwarten: Die 432 Verkäufer haben bei eBay innerhalb von 30 Tagen mit 2.569.343 verkauften Artikeln einen Umsatz von 118.877.658 Euro generiert.

Zusammen haben sie im Laufe ihrer eBay-Karriere 58.276.134 Bewertungen erhalten.

Insgesamt füllen sie den eBay-Marktplatz mit 4.755.844 Angeboten, aus denen heraus sie 363.407.535 Artikel anbieten.

Insgesamt haben sie in 30 Tagen 4.833.469 Gebote erhalten – wenn man bedenkt, dass es bei eBay Deutschland „nur“ 16,5 Millionen aktive Käufer gibt, dann ist das eine gewaltige Zahl.

Erfahren Sie im Folgenden, wie die Erfolgszahlen von 432 eBay-Umsatzmillionären aussehen. Erfahren Sie, wie viele Artikel sie bei eBay einstellen und wie viele davon sie erfolgreich verkaufen, wann sie bei eBay angefangen haben und in welchen Ländern sie ihren Standort haben.

Erfahren Sie, welche Angebotsformate am häufigsten eingesetzt werden und an welchen Tagen die Verkäufer die höchsten Verkaufspreise oder die höchsten Verkaufsquoten erzielen. Sie werden auch erfahren, welche Laufzeiten die höchsten Verkaufspreise oder die höchsten Verkaufsquoten erzielen und welche Artikel zu den Bestsellern der analysierten Verkäufer gehören.

Clare Gilmartin, Vice President of eBay Marketplaces, hat einmal gesagt, dass 38 % der Verkäufe von einigen wenigen Top-eBay-Verkäufern generiert werden.[*3]

Bei dem Volumen, das die 432 analysierten Verkäufer auf sich vereinen, darf man davon ausgehen, dass die Ergebnisse der Analyse durchaus die Gegebenheiten auf dem deutschen eBay-Marktplatz reflektieren und damit geben die analysierten Daten Antworten auf viele Fragen, wie z. B. welcher Tag ist der beste Tag, um eBay-Angebote auslaufen zu lassen, oder welche Angebotslaufzeit sich bei eBay bewährt hat.

Dieses Buch richtet sich an erfahrene eBay-Verkäufer. Sie werden in diesem Buch weder eine Schritt-für-Schritt-Anleitung für den erfolgreichen eBay-Auftritt finden, noch werden hier die Geheimnisse der eBay-Powerseller enthüllt. Mein Ziel war es, die Zahlen, Daten und Fakten der eBay-Umsatzmillionäre zu analysieren und übersichtlich darzustellen.

Auch hatte ich nicht den Anspruch jeden einzelnen eBay-Umsatzmillionär aufzuspüren, denn mit 432 analysierten Umsatzmillionären sind die Ergebnisse bereits repräsentativ.

Rückblick

Insgesamt sind von den 99 Umsatzmillionären, die ich 2012 analysiert habe, nur noch 86 bei eBay aktiv. Acht von ihnen sind bei eBay nicht mehr registriert, also auf gut Deutsch rausgeflogen, fünf Verkäufer sind zwar noch angemeldet, aber nicht mehr aktiv.

Insgesamt sind also nur noch 87 % der 2012 analysierten Verkäufer bei eBay aktiv.

Von den 99 Umsatzmillionären 2012 spielen nur noch 61 der 99 Verkäufer in der Liga der eBay-Umsatzmillionäre mit.

Knapp 39 % der 2012 analysierten Verkäufer spielen 2014 nicht mehr in dieser Liga mit.

Umsätze

Auf den ersten Blick erschreckend sieht es bei der Gegenüberstellung der Umsätze 2012 vs. 2014 aus.

57 der noch aktiven eBay-Verkäufer verzeichnen im Vergleich zu 2012 einen Umsatzrückgang, nur 29 der 2012 analysierten Verkäufer können Umsatzzuwächse verbuchen.

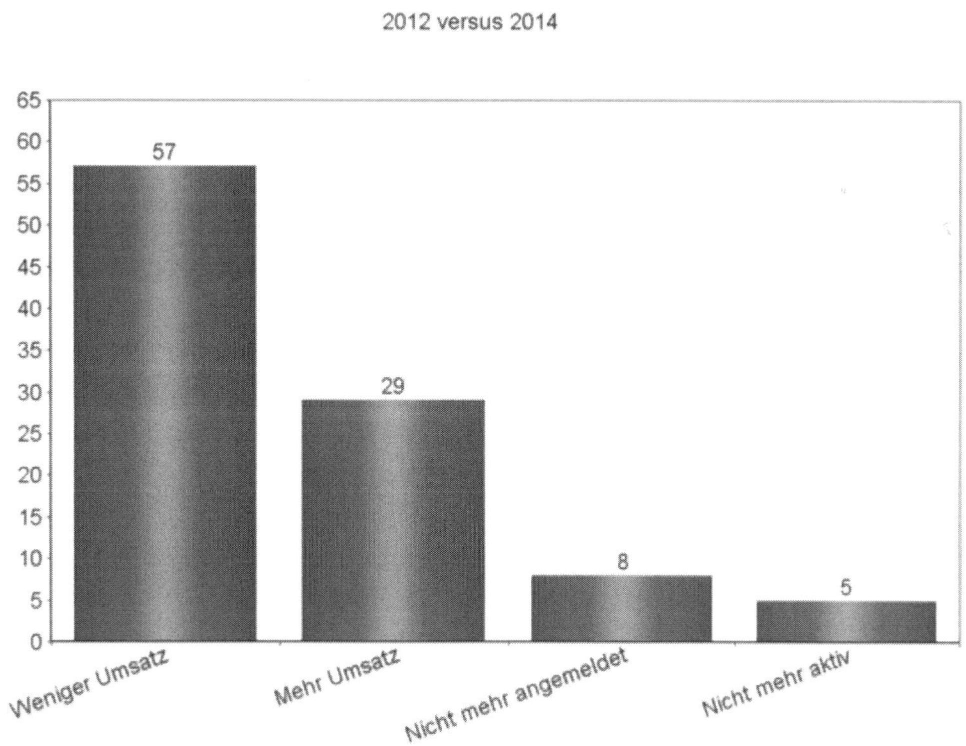

Spontan möchte man denken, dass eBay sich auf dem absteigenden Ast befindet, aber der erste Blick trügt wie so oft.

Es sind zwar nur 29 Verkäufer, die seit 2012 Umsatzzuwächse verbuchen können, und man würde hier in der Gesamtansicht einen sehr deutlichen Umsatzeinbruch erwarten – insgesamt ist der Umsatz aller analysierten Verkäufer jedoch nur um knapp 9 % gesunken.

Betrachtet man nur die Umsätze der 61 Verkäufer, die auch heute noch in der Liga der eBay-Umsatzmillionäre mitspielen, ist der Umsatz insgesamt sogar um 18 % gestiegen.

Von den 61 Verkäufern haben wiederum nur 29 Verkäufer höhere Umsätze erzielt, 32 Verkäufer müssen gegenüber 2012 Umsatzeinbußen hinnehmen.

Die 29 Verkäufer, die steigende Umsätze verzeichnen können, sind also für ein Umsatzwachstum von 18 % in dieser verbleibenden Gruppe verantwortlich und damit sieht es danach aus, als würde sich bei eBay die Spreu vom Weizen trennen.

Auch insgesamt ist bei eBay die Zahl der Umsatzmillionäre seit 2012 gestiegen, sodass hier ein weiterer Ausgleich der auf den ersten Blick gesunkenen Umsätze stattfindet.

Laut Wortfilter[*4] gab es bei eBay 2012 insgesamt 385 Platin Powerseller, 2014 sind es bereits 551.

Platin Powerseller müssen bei eBay innerhalb von drei Monaten entweder 15.000 Transaktionen abschließen oder einen Umsatz von 450.000 Euro generieren bzw. innerhalb von zwölf Monaten 60.000 Transaktionen abschließen oder 1.800.000 Euro Umsatz generieren.

Verkäufer mit Top-Bewertung

Am 20. August 2014 hat eBay neue Verkäuferstandards eingeführt.

Die Auswertung der 61 verbleibenden Umsatzmillionäre zeigt, dass die neuen eBay-Verkäuferstandards extreme Auswirkungen haben.

2012 waren 57 – also knapp 93 % – der verbliebenen 61 Umsatzmillionäre Verkäufer mit Top-Bewertung, nur fünf Verkäufer hatten den Status nicht.

2014 sind nur noch knapp 55 % – nämlich 34 der 61 Umsatzmillionäre – Verkäufer mit Top-Bewertung.

27 Verkäufern wurde der Status aberkannt.

Ausblick

Für die Auswertung 2014 habe ich die Angebote von 432 eBay-Umsatzmillionären analysiert und mich anders als bei der Auswertung 2012 nicht ausschließlich auf deutsche Händler beschränkt.

Jeder dieser Verkäufer hat zwischen Ende August und Ende September 2014 einen Umsatz von mindestens € 100.000 bei eBay Deutschland generiert, untersucht wurde jeweils ein exakter Zeitraum von 30 Tagen.

Analysierte Verkäufer

Hier die alphabetisch geordnete Liste der 432 eBay-Umsatzmillionäre:

(easy)bay	hardwarecenter24	profitexxgmbh
****traumland****	hardwarestore2000	profizelt24
kwmobile	hatraco-shop	promania_germany
1969-italia-boutique	hausgeraeteoase	pumpkin_cool
321sportshop	hausundgarten	qualifo
360handy	hb-digital	qualitativ-innovativ
aicasanitaer2012	hbh24online	radcenter555
akkukiste	hdd-tech24	raute-stern
allesbest-de	heart-for-fashion	ravensberger-matratzen
alles-frachtfrei	heimtier_plus	rebuy-shop
alpenmaerchen-trachten	helo	redcoon_deutschland
alphabad_de	heuergmbh	reifenchampion
alphamovies	heute-wohnen	reifen-com
alternate.gmbh	hhv*music	reifendirekt
animodservices	hillermobile	reifen-discount
anyts.cn	hmcw-deals	reifenprofi_de
apmex-deutschland	homedeluxe24	reifenvertrieb24_de
apodiscounter	hph1956	reiseschein
aquagart24	igx4u_com	reitsportklawunde
arga7	imexinternationalco	rhein-team
aricitec	impex-bad_de	riess-ambiente
arroda_de	impire-fix	roda12sport
asgoodasnew-outlet	inkcompany	rohling-express
asterix255	insani24	romantic-fashion
atp-autoteile	interhandel111	roomnight
atushop	international-trend	rotcom-onlineshop
autoparts-online	ipotools	rotek_at
autoteile-iseler	ital-design24	roterwer
autoteilemann	itsco	rotgerdchen2003
autoteile-preiswert	ivox24	rs-reifenshop
autoteilestore-online	jago24-germany	sagusport
averdo	jago24online	sanhe-direkt
avides	jalousiescout	sani-fun

aw-tools	juskys_de	satgeiz
baby-delux	juskys-de	sat-germany
baederideen	juwelierfineart_koenigsallee	saturn-berlin-charlottenburg
bandel-autoteile	juwelier-rieger	saturn-chemnitz
bar_und_billig	jv-automobile	saturn-chemnitz-zentrum
baumarktdiscount	kaminteam	saturn-dortmund-eving
baumarkt-hamm	kartons24_de	saturn-gelsenkirchen
bb-verpackungen	kauf-bei-isimax	saturn-gelsenkirchen-buer
bernstein-badshop	kaufhaus-univermag	saturn-hamburg-altstadt
beststyle24	kerima-tools	saturn-hamburg-elbe-ekz
betten-abc-de	kg-toys	saturn-hamburg-poppenbuettel
bielmeier-hausgeraete-gmbh	kieskemper1928	saturn-hattingen
bikepark-dissen_de	kingschild.de	saturn-herford
bikes2race	kirchner-werkzeuge	saturn-witten
billig-arena	kitchcom	secondherzog
bodenseehai80	kleiderkabine	second-it-store
bolf-store	ko-computer_com	s-games_de
bongossi-trade	koka-gmbh	shop-bedir
brands4cars	kolor-knajp	shop-moebel24
brands4friends_outlet	kontramobile	sim-buy
brands-outlet	ks-cycling	skapetze
brandstyle24	kuechenhaus-online	solartronics09
brast24	kurz-in-urlaub	speed4allkinds
bs-holzgigant	lapado_gmbh	sportex24
buch24-de	laptop_top	sportexpressgmbh
buddentown	laptopia*de	sporthits
buddyandselly	lautsprecher_teufel	sports-point24
bull-attack_us	ledlightsworld	sptrachtenmode
byek_de	ledshops2016	stiefelparadies
canvasxxl	lenovoshop-deutschland	storado24-de
carparts-online	lichtex_de	superchance4you
carparts-premium	limal	superfonse2000
chbaki	limal-bauknecht	svh24
city_baer_23	linckersdorff_gmbh	systemtreff-gmbh
cjx2013	lowcost-it	take_i.norys
ck-modelcars_e.k	luxnote-hannover-de	talk-point-gmbh2
clevertronic	luxus-uhrenhandel	tamir36
clic24	lxs-bike_de	taucherxl

clp-gmbh	maimai24-de	techglobe24
comebuyshopping	malimo2004	technikdirekt
compuland-city	markenversand24	tectake_deutschland
computeruniverse	markenwarenshop_2012	teile4u
comtech-shop	maschinenwelt	temo-electronic
conrad_electronic	m-autoteile	temtop02
coolgadget_de	maxkomfort	teppichcenter24
crossfer-gmbh-deutschland	maxstore	tierfutterkiste53639
csl-computer-gmbh	maxxus-fitness-system	timeinternationalgmbh.8018
cs-multistore	meckabeira-durlesbach	tinten-discount
cyberport	mediadeal_gmbh	tinten-sandte
david-roewe550	medimops	tiptopmaker
dctrade-uk	medionshop-deutschland	tito-express
dectane-outlet	megadeal111	tooltown-werkzeug
deltatecc	megastyle2009	topgarden24
deltatecc-home	metra-direkt-online	touchandscreen
deltatecc-prime	mga-trachten	tp-products
deluxe-marken	miganeo.de	trachtenlederhosen24
derhandwerksmeister	mmoga_ltd	trade-shop
deuba24	mobile.trade1014	traumkinderwagen
deuba24online	mobilebomber-shop	trendalarm24
dilaw-warehouse-gmbh	mobileglobe24	tripz-de
dilego	mobile-online-shop	trotec
direkt-vom-lager	mobilepartner-berlin	tt-autoteile
displayengel_de	mobile-sturm	tuningschnellversand
dscompany2004	mobile-trend	tyre-direct
dynamic-auction	mobilia24	ubup-outlet
ecd-germany	mobilshop3000-de	uhren.gauting
efutter	modefachhandel	uhrenworldcom
egshop-ulm	modeherz	ur.deal
einfach-scharf	modellbau_berlinski	urbandreamz_ltd
einrichten_und_wohnen	moebel.eu	vendito24
electronic-express24	moebelplus	vexario
electronic-king-inc	monbeck	warenreich
elektro_fachhandel	ms_vertriebservice	watch-management
elektronik-star	ms-electronics	wellness-dream
elektronik-star-discount	ms-traders_2012	wellness-exklusiv
elektro-shop24	multinet-shop_de	werkzeuge-berlin

elsafur-2008	my-perfect-brands	werkzeugstore
emax_haustechnik	nanno1511	we-sell-more
erdnuessli	nebulus-gmbh	wheel-factory-de
eshop-wagner	new-yorkerin	wholesalersmates
esm-computer	nh-24*com	wickey_de
etc-shop	niggeldon	wiids_2011
europe-e-commerce2010	no.1outlet	wirsindspitze
evemotiongmbh	notebooksbilliger	woldoshop
express-homeshop*de	notebook-shop-darmstadt	woltu_com
fa-24shop	numismatiklanz	world-2-power
fahrrad_becker	ofenprofi24	ws-autoteile
feha-design	office-partner-gmbh	www.csl-computer.com
flip4shop	okluge	www.pcline24
fotoexperte	olano.gmbh	www_autoreifen_ag
foto-mundus	onlinebaufuchs_de	www_dercomputerladen_de
fotovideosmitsbv	online-gold*de	www_fuxtec_de
foto-wichern	ozeansanitaer12	www_ggmgastro_com
fun-sport-vision-shop	parfumer2010	www_historia-hamburg_de
futter-spezial	parfumzentrum	www_md-sound_de
fuxtec	pariser_mode	www_megabike2010_de
g2a-games	partsforbike-online	www_outlet46_de
gaudi-leathers	parts-online24	www_reifensuche_com
genii-store	paulgos	www_rh-reifencenter_de
giga-reifen	pc-sistem	www_werkzeugalarm_de
good-tires	pc-spezi24	www_zwei-euro-muenzen_com
good-wheel	pillashop	www-gluehbirne-de
gorilla-ink	plusonlineshop	www-hofstein-de
grooves-inc	premium_gartenmoebel	www-omnideal-de
h-a-c-24	premiumparts24	www-winnerbatterien-de
haebelholz	premiumshopping24	xenudo
handel-und-service	premium-wheels-hst	xxx.kartonkoenig.xxx
handydortmund	price-guard	y.kuzhan
handy-foto-pc	primus-muenzen	yigounet
handys-und-zubehoer24	print-klex*de	zuzzu_shop
happypet-shop_de	profistore24	zweisternekoch

Einige Verkäufer sind mit mehr als einem Account in dieser Liste vertreten, aber jeder Account steht natürlich für sich selbst.

Newcomer oder alte Hasen?

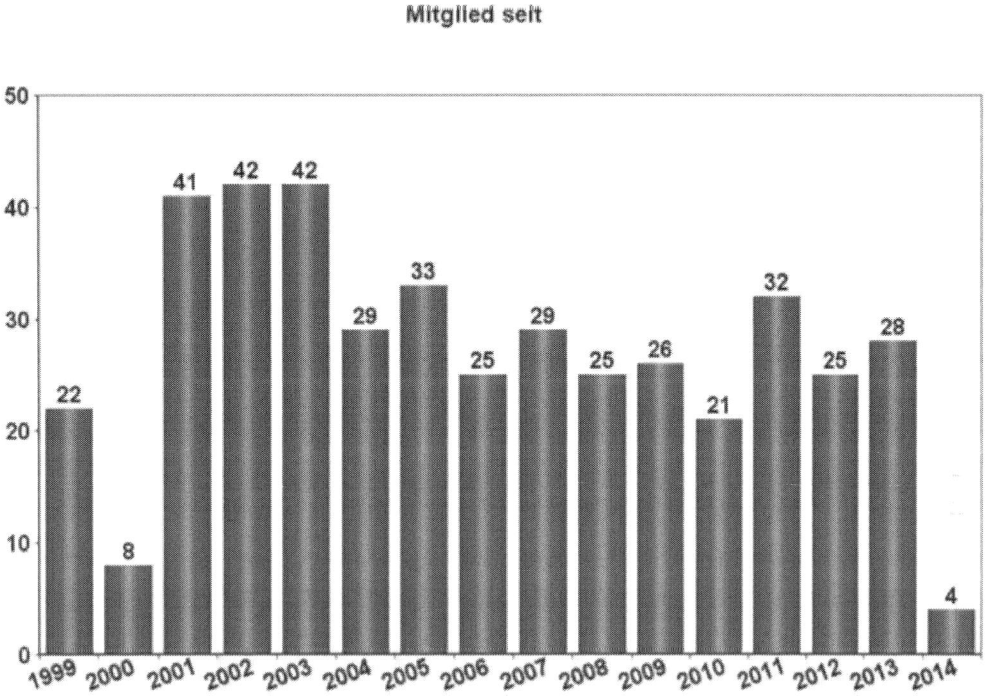

42 % der eBay-Verkäufer sind seit mehr als zehn Jahren bei eBay angemeldet, 22 Verkäufer sind bereits seit 1999 dabei. Einen kleinen Anmeldepeak gab es in den Jahren 2001-2003 – das waren die Jahre, in denen eBay von den Medien als Goldgrube für den schnellen Reichtum hochgejubelt wurde. 2010 gab es einen kleinen Einbruch, aber 2011 war dieser bereits vergessen und es haben sich bei eBay mehr Verkäufer angemeldet als jeweils in den fünf Jahren zuvor.

Die Grafik zeigt auch, dass Newcomer bei eBay auch heute noch eine Chance haben, denn vier der Verkäufer, die erst in diesem Jahr eingestiegen sind, sind bereits in der Liga der Umsatzmillionäre vertreten. 28 Verkäufer sind erst seit 2013 dabei, 25 Verkäufer haben 2012 bei eBay angefangen und sind innerhalb von nur zwei Jahren bei eBay zum Umsatzmillionär aufgestiegen.

Bewertungen

Auch wenn die Anzahl der Bewertungen nichts über den Erfolg eines Verkäufers aussagt – ich kann 100.000 Produkte mit einem Gewinn von je 1 Euro verkaufen und stünde besser da, wenn ich 10.000 Produkte mit einem Gewinn von je 11 Euro verkaufen würde – so kommt doch in Gesprächen unter eBay-Verkäufern immer unweigerlich die Frage nach der Anzahl der Bewertungen.

Die Zahl der Bewertungen spielt in den Köpfen der Verkäufer also immer noch eine große Rolle und Verkäufer, die die magische Grenze von mehr als 1.000.000 Bewertungen durchbrechen, werden noch immer weltweit gefeiert und so werfen wir also einen Blick auf die Bewertungen der eBay-Umsatzmillionäre:

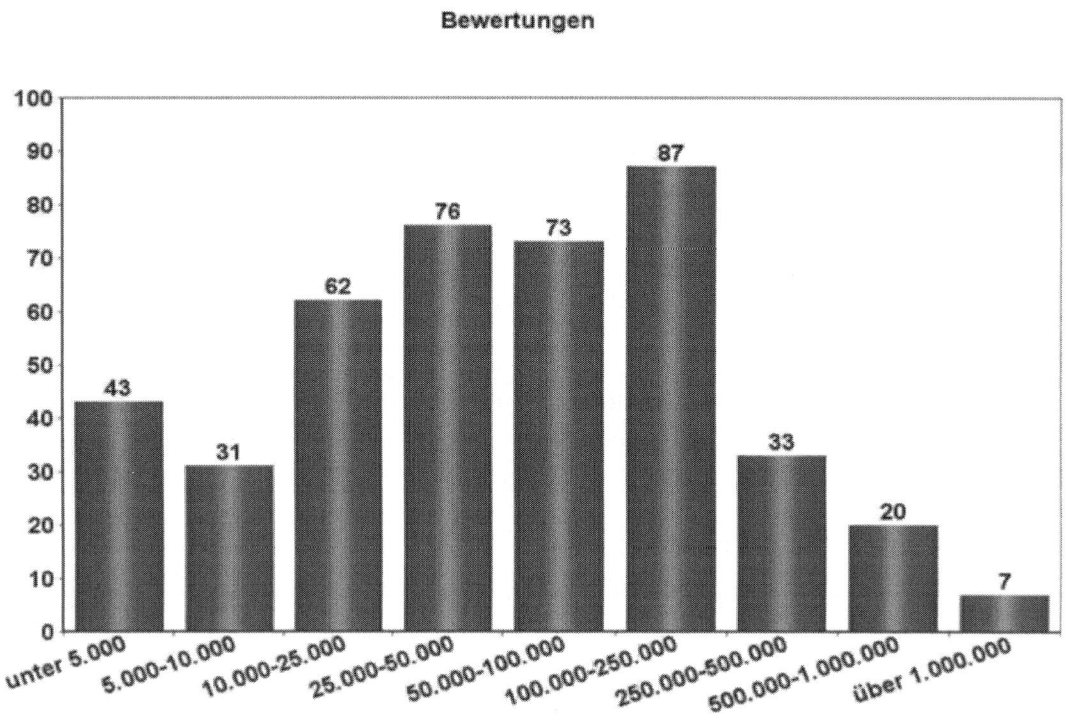

12 Jahre hat es gedauert, bis der erste deutsche Verkäufer die magische Grenze von mehr als 1.000.000 Bewertungspunkten geknackt hat. Der Verkäufer „dynamic-auction“ war der erste Verkäufer in Deutschland, der sein Profil mit der begehrten silbernen Sternschnuppe schmücken durfte.

Im Januar 2012 folgte www.csl-computer.com und die Nummer drei im Bunde war atp-autoteile, der im April 2012 seine Sternschnuppe erhielt und der dieses Jahr im September als erster deutscher Verkäufer die Marke von mehr als 2.000.000 Bewertungspunkten knacken konnte.

Alle drei Verkäufer sind fast von Beginn an dabei. atp-autoteile und www.csl-computer.com starteten bereits 1999 bei eBay, dynamic-auction stieg 2001 bei eBay ein – sie sind also einen langen Weg gegangen, bis sie es zum Bewertungsmillionär geschafft haben.

Aber wie die Grafik sehr schön zeigt, haben der Umsatz und die Anzahl der Bewertungen nicht unbedingt viel miteinander zu tun.

74 der Umsatzmillionäre haben weniger als 10.000 Bewertungen, das entspricht knapp 17 %.

Knapp 14 % der Verkäufer liegen zwischen 10.000 und 25.000 Bewertungen.

Am anderen Ende der Skala ist die Luft deutlich dünner, denn nur sieben der 432 analysierten Verkäufer haben mehr als 1.000.000 Bewertungspunkte, drei Verkäufer haben bereits mehr als 900.000 Bewertungen und werden demnächst die Liga der Bewertungsmillionäre verstärken.

87 Verkäufer, also knapp 20 %, liegen zwischen 250.000 und 500.000 Bewertungen, 76 Verkäufer, also knapp 18 %, liegen zwischen 25.000 und 50.000, 73 Verkäufer liegen zwischen 50.000 und 100.000 Bewertungen.

Bewertungsprofile

Das durchschnittliche Bewertungsprofil liegt bei 99,67 % positiven Bewertungen. Bei der Auswertung der 99 Umsatzmillionäre 2012 lag das durchschnittliche Bewertungsprofil bei 99,72 % positiven Bewertungen. Im Vergleich zu 2012 ist das durchschnittliche Bewertungsprofil also ein wenig schlechter geworden.

Immerhin 55 der 432 Verkäufer haben ein Bewertungsprofil von 100 % positiv, 95 Verkäufer schaffen es auf 99,9 % positive Bewertungen und 70 Verkäufer auf 99,8 %.

Das schlechteste Profil liegt bei 95,3 %.

Verkäufer mit Top-Bewertungen

Wie bereits erwähnt, hat eBay im August 2014 neue Verkäuferstandards eingeführt und das zeigt deutliche Auswirkungen.

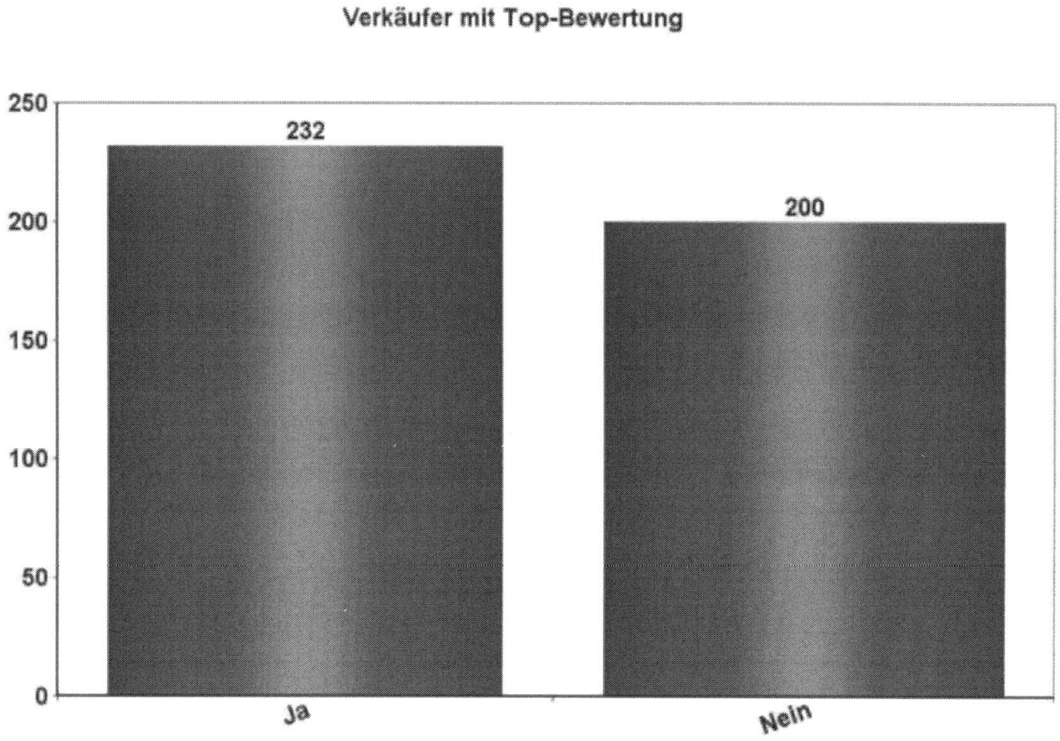

2012 waren noch 84 der 99 analysierten Umsatzmillionäre Verkäufer mit Top-Bewertung, das entspricht knapp 85 %.

Zwei Jahre später und nach Einführung der neuen Verkäuferstandards hat sich das Blatt gewendet.

Von den 432 analysierten Verkäufer schaffen es nur noch 200 Verkäufer, die Anforderungen von eBay an den Verkäufer mit Top-Bewertung zu erfüllen.

Knapp 46 % der Verkäufer werden den eBay-Anforderungen nicht gerecht und müssen auf die Auszeichnung als Top-Verkäufer und die damit verbundenen Vorteile verzichten, schaffen es aber auch ohne die Auszeichnung zum Top-Verkäufer in die Liga der eBay-Umsatzmillionäre.

In der direkten Gegenüberstellung ist der Anteil der Top-Verkäufer unter den Umsatzmillionären also von 85 % auf 54 % gesunken – ein Wert, der zu denken gibt.

Möglicherweise wird sich das in den nächsten Monaten einpendeln – noch scheint die Berechnung der Verkäuferstandards nicht immer einwandfrei zu funktionieren.

So kann ich aus eigener Erfahrung bestätigen, dass die Zahlen, die im Verkäufer-Cockpit angezeigt werden, nicht immer realistisch sind und vor allem nicht mit den detaillierten Mängelberichten übereinstimmen, was ja die Grundvoraussetzung für eine fehlerfreie Berechnung wäre.

Aber das größte Problem im Moment ist wohl, dass eBay Mängel, die keine Mängel sind, nicht immer entfernt.

Ich hatte selbst einen Fall, bei dem der Käufer in den USA bereits wenige Tage nach dem Kauf einen Fall wegen „nicht erhaltener Ware“ eröffnet hat und das elf Tage vor Ende der voraussichtlichen Lieferzeit. Obwohl eine Tracking-Nummer hinterlegt war und eBay damit nachvollziehen konnte, dass die Ware pünktlich verschickt wurde und der Käufer die Ware schlussendlich sogar acht Tage vor Ablauf der voraussichtlichen Lieferzeit erhalten hat, wurde der Fall als Mangel gezählt, obwohl das eigentlich nicht vorgesehen ist.

Viele Powerseller beklagen auch, dass z. B. ein Käufer nur nachfragen möchte, wo seine Ware bleibt, und damit bereits einen Fall eröffnet, der sich negativ auf die Verkäuferstandards auswirkt.

Hier kann ich auch aus eigener Erfahrung berichten, dass viele Käufer sich nicht die Mühe machen, die Versandinformation zu prüfen, und den Verkäufer anschreiben, der dann feststellt, dass die Ware nicht zugestellt werden konnte und bei der Post auf Abholung wartet. Solche Probleme ließen sich wunderbar zwischen Käufer und Verkäufer klären, ohne dass der Verkäufer dafür einen Mangel erhält.

Hier ist also zu hoffen, dass sich das System besser einspielt und Mängel, die keine sind und auch als solche nicht vorgesehen sind, wie z. B. die Eröffnung eines Falles wegen „nicht erhaltener Ware“ vor Ablauf der Lieferzeit, auch von eBay entfernt werden.

Ich werde in den nächsten Monaten regelmäßig überprüfen, ob sich bei den 432 Umsatzmillionären in diesem Bereich Veränderungen ergeben und die Ergebnisse auf meinem Blog **www.take-me-to-auction.de** veröffentlichen.

Mitgliedsländer

Bei der Auswertung der amerikanischen High Volume Seller in meinem Buch „Die Powerseller-Elite von eBay.com"*5 hat sich in der Gruppe der Verkäufer, die mehr als 30.000 Artikel im Monat verkaufen, die Befürchtung bestätigt, dass immer mehr asiatische Verkäufer auf dem eBay-Marktplatz aktiv sind. Bei eBay.com stammen bereits 34 % der Verkäufer, die mehr als 30.000 Artikel im Monat bei eBay verkaufen, aus Asien.

In den Gruppen, die bei eBay.com Umsätze von mehr als $ 500.000 pro Monat generieren, sind jedoch kaum Verkäufer aus Asien zu finden, und das zeigt sich auch bei der Auswertung der deutschen eBay-Umsatzmillionäre.

Von 432 analysierten Verkäufern stammen

- 399 aus Deutschland
- 13 aus China
- 5 aus Hongkong
- 2 aus den USA
- 2 aus den Niederlanden
- 2 aus Österreich
- 2 aus der Schweiz
- 1 aus Belgien
- 1 aus Italien
- 1 aus Litauen
- 1 aus Polen
- 1 aus Singapur
- 1 aus Slowenien
- 1 aus der Türkei

In Prozentzahlen ausgedrückt stammen 92,4 % der deutschen Umsatzmillionäre aus Deutschland, 4,4 % aus Asien (China, Hongkong, Singapur) und weitere 3,2 % aus anderen Ländern.

Von den asiatischen Verkäufern versendet nur einer aus Hongkong, die anderen Verkäufer versenden alle aus Deutschland.

Templates

Bei der diesjährigen Betrachtung der Templates sind mir vor allem die teilweise extrem professionellen Bilder der Umsatzmillionäre aufgefallen und damit meine ich nicht die Bilder, die vom Hersteller zur Verfügung gestellt werden. Ganz besonders im Bereich „Kleidung & Accessoires" gibt es viele Verkäufer, denen es hervorragend gelingt, ihre Angebote durch tolle Bilder meisterhaft in Szene zu setzen.

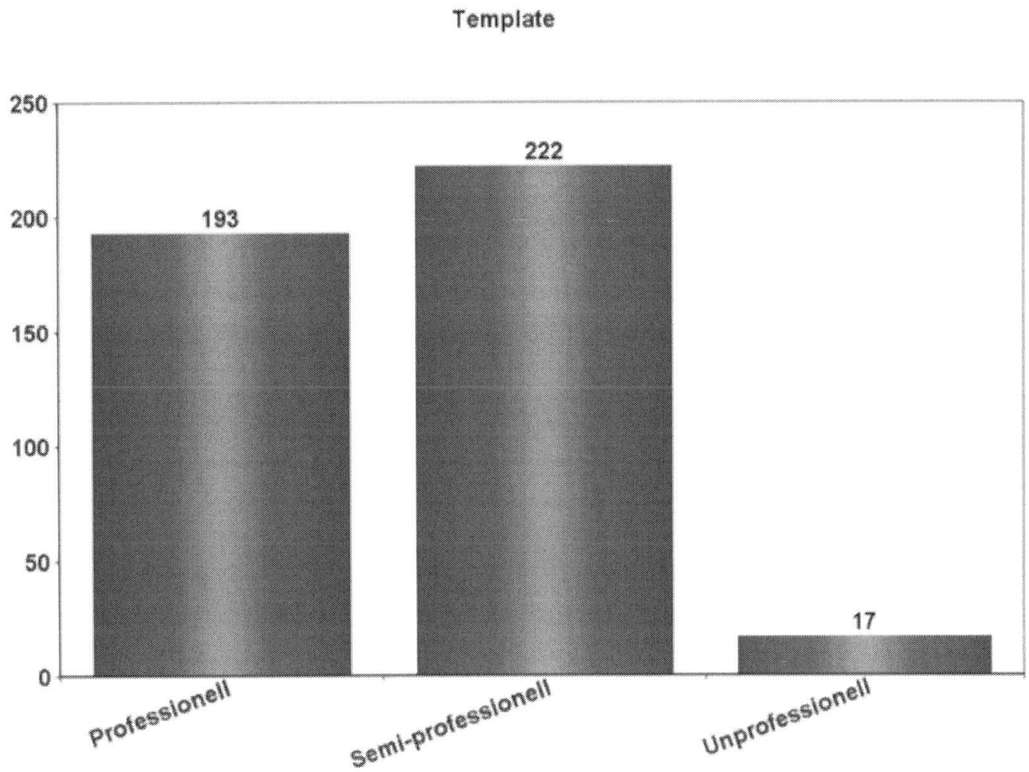

Von 432 Umsatzmillionären haben 193 Verkäufer, das entspricht 44,6 %, in ein professionelles Template investiert.

Als Kriterium für ein professionelles Template habe ich für mich neben dem Layout auch das Vorhandensein einer Cross-Selling-Galerie und eine Verlinkung zu anderen (Shop-)Kategorien festgelegt.

222 Verkäufer, das sind 51,4 %, verfügen über ein semi-professionelles Template und 17 der Verkäufer schaffen es auch mit einem unprofessionellen Template in die Liga der eBay-Umsatzmillionäre.

Als unprofessionell habe ich Templates der ersten Generation eingestuft, die über gar kein Layout verfügen, ihre Angebote dazu noch in verschiedenen Schriften und Schriftfarben darstellen und keinerlei Verlinkungen zu anderen Shop-Angeboten aufweisen.

Bei der diesjährigen Betrachtung ist mir aufgefallen, dass die Grenzen zwischen professionellen und semi-professionellen Templates immer mehr verschwinden.

So haben 129 der 222 Verkäufer mit semi-professionellen Templates fast schon ein professionelles Template, allerdings fehlt entweder das Cross-Selling oder die Verlinkung zu anderen Kategorien.

Insgesamt ist mein Eindruck, dass die Templates seit 2012 professioneller geworden sind, allerdings finde ich es erstaunlich, dass relativ viele Verkäufer auf das so wichtige Cross-Selling verzichten.

Die erste große Herausforderung bei eBay ist es, zunächst einmal einen Käufer auf das Angebot zu locken. Ist er erst einmal auf der Artikelseite gelandet, ist es wichtig, ihn zu halten und ihn dazu zu animieren, auch in den anderen Angeboten des Verkäufers zu stöbern. Hier könnten einige Verkäufer ihre Umsätze sicher steigern, wenn es ihnen gelingen würde, den Käufer mit einem guten Cross-Selling an die Hand zu nehmen und ihn durch den Shop zu führen.

Kategorienbelegungen

Durchschnittlich sind bei eBay Deutschland ständig mehr als 70 Millionen Artikel in 34 Hauptkategorien und 50.000 Unterkategorien im Angebot.

Bei der Auswertung der Anzahl der bei eBay belegten Kategorien fällt auf, dass über 60 % der Verkäufer entweder nur in einer oder in zwei Kategorien aktiv sind, oder das andere Ende der Skala besetzen und in mehr als 10 Kategorien aktiv sind.

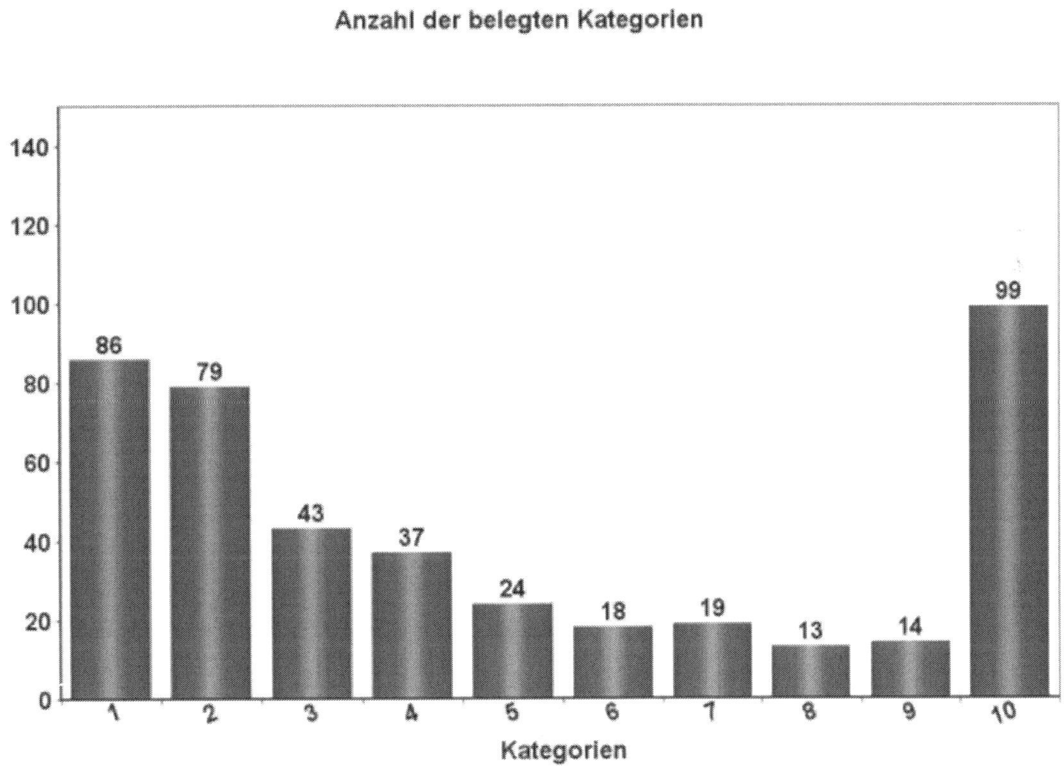

99 Umsatzmillionäre sind in mehr als zehn Kategorien aktiv, 86 hingegen beschränken sich auf eine einzige Kategorie, 79 auf zwei Kategorien.

Auch drei und vier Kategorien werden noch recht häufig belegt, die wenigsten Verkäufer sind in zwischen fünf und neun Kategorien aktiv.

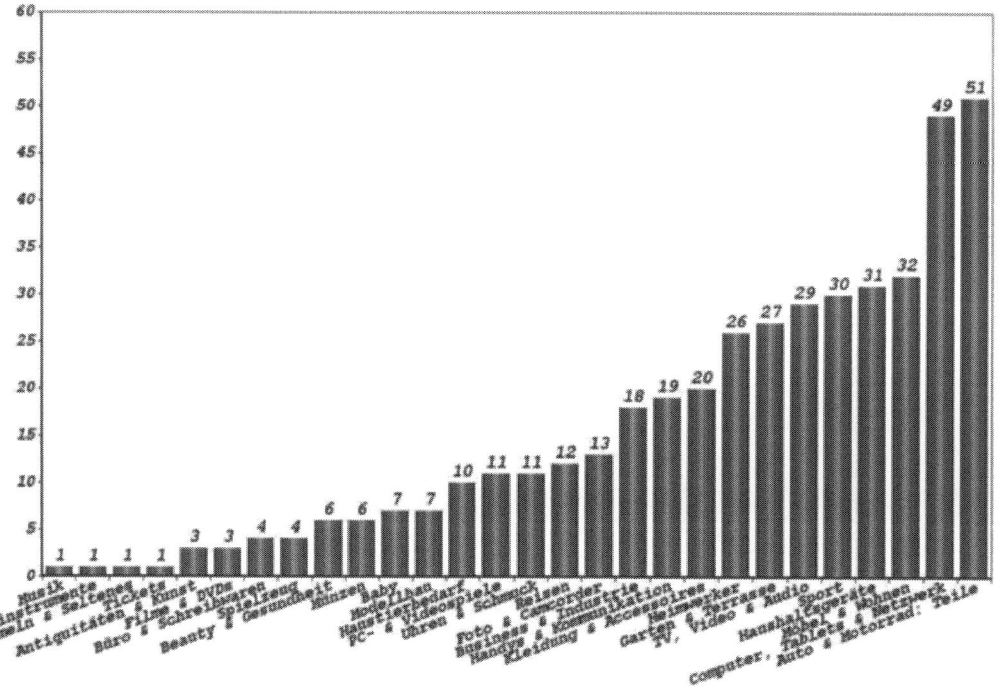

Die Umsatzmillionäre sind in fast allen eBay-Hauptkategorien vertreten, wobei ich hier jeweils nur die Kategorie gezählt habe, in der die einzelnen Verkäufer die höchsten durchschnittlichen Verkaufspreise erzielen. Dichtes Gedrängel herrscht in der Kategorie „Auto & Motorrad: Teile", in der gleich 51 der Umsatzmillionäre vertreten sind, dicht gefolgt von der Kategorie „Computer, Tablets & Netzwerk", die 49 der eBay-Umsatzmillionäre belegen.

Mit etwas Abstand folgen die Kategorien „Möbel & Wohnen", „Haushaltsgeräte", „Sport", „TV", „Video & Audio", „Garten & Terrasse", „Heimwerker, Kleidung & Accessoires", „Handys & Kommunikation" und „Business & Industrie".

Im Vergleich zur Auswertung 2012 hat vor allem die Kategorie „Auto & Motorrad: Teile" deutlich zugelegt, während die Kategorie „Heimwerker" etwas verloren hat.

2012 waren nur 4 % der 99 Umsatzmillionäre in der Kategorie „Auto & Motorrad: Teile" aktiv, von den jetzt ausgewerteten 432 Umsatzmillionären sind aktuell knapp 12 % in dieser Kategorie aktiv.

2012 gehörte die Kategorie „Heimwerker" mit 12 % zu den stärksten Kategorien, aktuell wird diese Kategorie nur von 6 % der Umsatzmillionäre belegt.

Umsätze

Die analysierten Umsatzmillionäre haben in 30 Tagen einen Gesamtumsatz von 118.877.658 Euro generiert, das entspricht einem Durchschnittsumsatz von 275.179 Euro.

Die Spannweite zwischen den Verkäufern ist dabei jedoch enorm.

Den Start macht ein Verkäufer, der es mit einem Umsatz von 100.236 Euro gerade in die Gruppe der Umsatzmillionäre geschafft hat, am anderen Ende der Skala steht ein Verkäufer mit einem Monatsumsatz von 3.589.469 Euro.

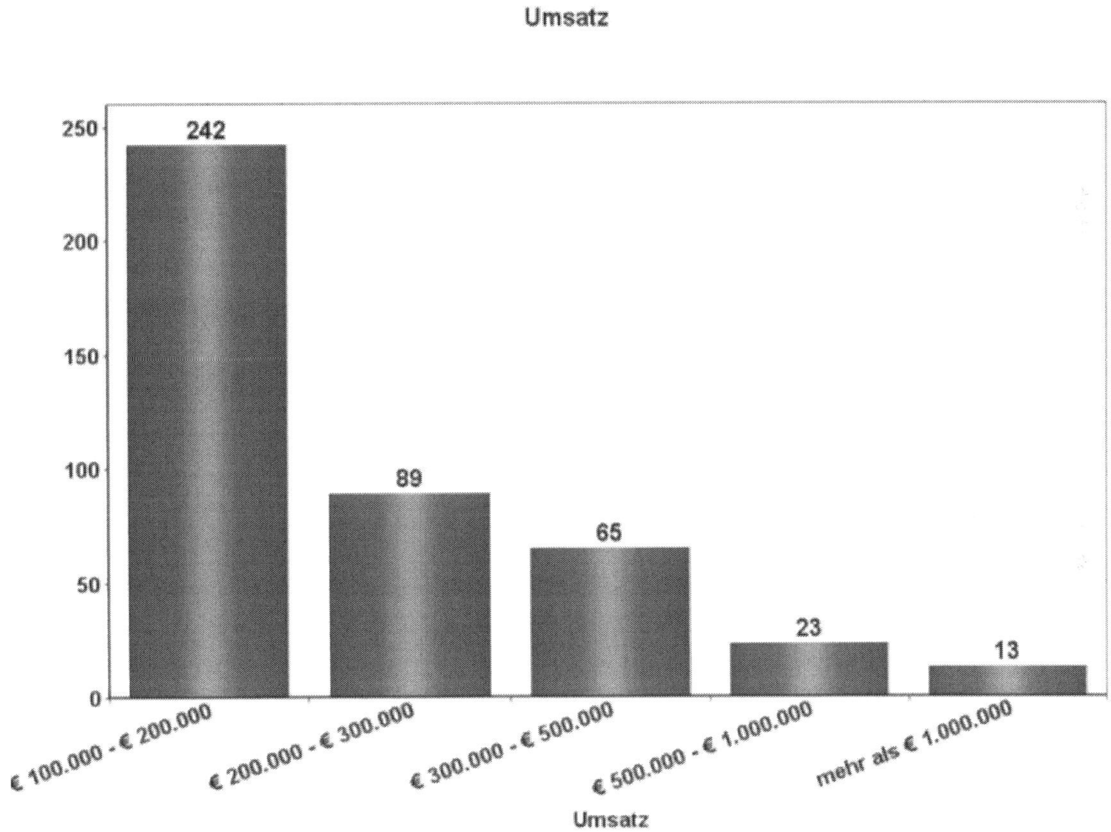

56 % der Verkäufer und damit die Mehrzahl erzielen einen monatlichen Umsatz zwischen 100.000 Euro und 200.000 Euro. Danach folgen mit knapp 21 % die Verkäufer, die einen monatlichen Umsatz zwischen 200.000 und 300.000 Euro erzielen. Knapp 15 % liegen zwischen 300.000 Euro und 500.000 Euro, danach wird die Luft recht dünn, aber immerhin 13 Verkäufer erzielen bei eBay einen Umsatz von mehr als 1 Million Euro pro Monat. Von diesen 13 liegen

gleich vier Verkäufer bei einem Monatsumsatz von mehr als 2 Millionen Euro im Monat und einer bei mehr als 3 Millionen Euro.

Unter den 2012 analysierten Umsatzmillionären hatte keiner einen Umsatz von mehr als 2 Millionen Euro erwirtschaftet. Der höchste Umsatz lag damals bei 1.275.194 Euro.

Hier hat in den letzten beiden Jahren also eine positive Entwicklung bei eBay stattgefunden.

Durchschnittliche Verkaufspreise

Eine extreme Spannweite gibt es auch bei den durchschnittlichen Verkaufspreisen. Am Anfang der Skala steht ein Verkäufer mit einem Durchschnittspreis von 5,65 Euro, das andere Ende der Skala schließt ein Verkäufer mit einem Durchschnittspreis von 5.142 Euro ab.

Durchschnittlicher Verkaufspreis

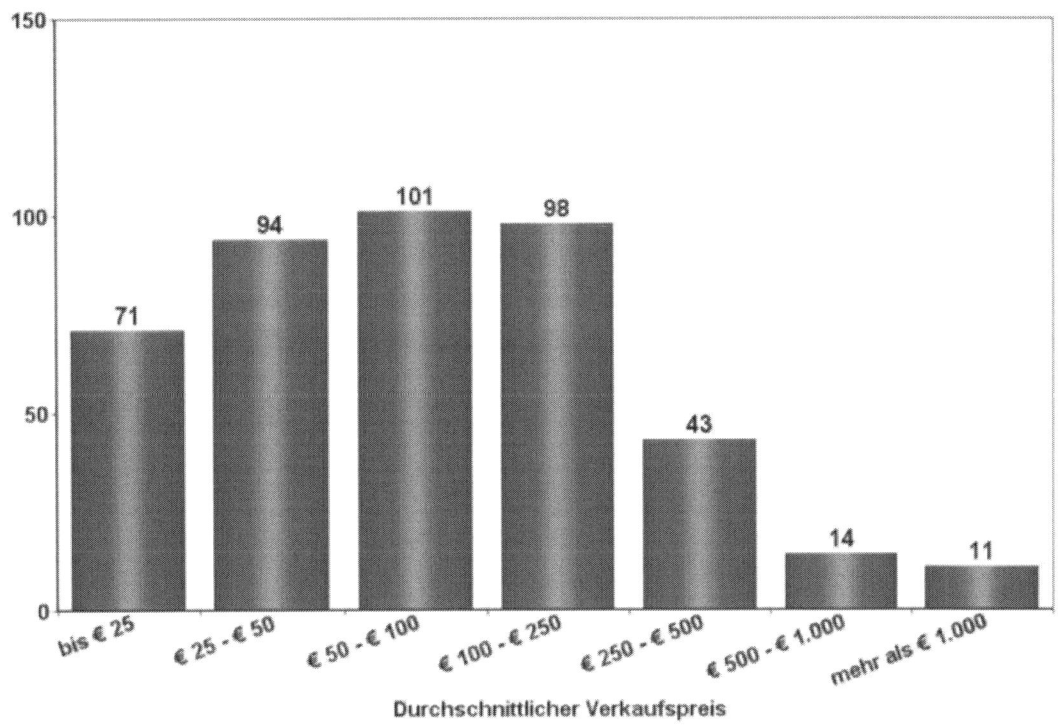

Insgesamt liegt der durchschnittliche Verkaufspreis bei 84 % der Verkäufer unter 250 Euro.

Recht nah beieinander liegen die Verkäufer, deren Artikel für durchschnittlich zwischen 50 und 100 Euro (23,3 %), zwischen 100 Euro und 200 Euro (22,6 %) und zwischen 25 Euro und 50 Euro (21,7 %) verkauft werden. Bei einem durchschnittlichen Verkaufspreis von über 250 Euro wird die Luft bei eBay dünn. Bei nur 43 Verkäufern (knapp 10 %) liegt der durchschnittliche Verkaufspreis zwischen 250 Euro und 500 Euro, bei nur noch 14 Verkäufern (knapp 3 %) liegt der durchschnittliche Verkaufspreis zwischen 500 Euro und 1000 Euro, darüber liegen dann nur noch elf Verkäufer (knapp 2,5 %).

Seit 2012 hat auch in diesem Bereich eine erfreuliche Entwicklung stattgefunden, denn 2012 lagen noch 72 % der Verkäufer bei einem durchschnittlichen Verkaufspreis von unter 100 Euro. Der höchste durchschnittliche Verkaufspreis lag 2012 bei 1.075 Euro – gegenüber 5.142 Euro im Jahr 2014.

Während 2012 nur 2 % der Verkäufer einen durchschnittlichen Verkaufspreis von mehr als 500 Euro erzielt haben, sind es 2014 bereits knapp 6 %.

Teuerste Artikel

Auch bei den teuersten verkauften Artikeln hat es bei eBay seit 2012 einen Aufschwung gegeben.

2012 war keiner unter den 99 analysierten Verkäufern, der einen Artikel für mehr als 10.000 Euro verkaufen konnte, 2014 sind es sieben Verkäufer.

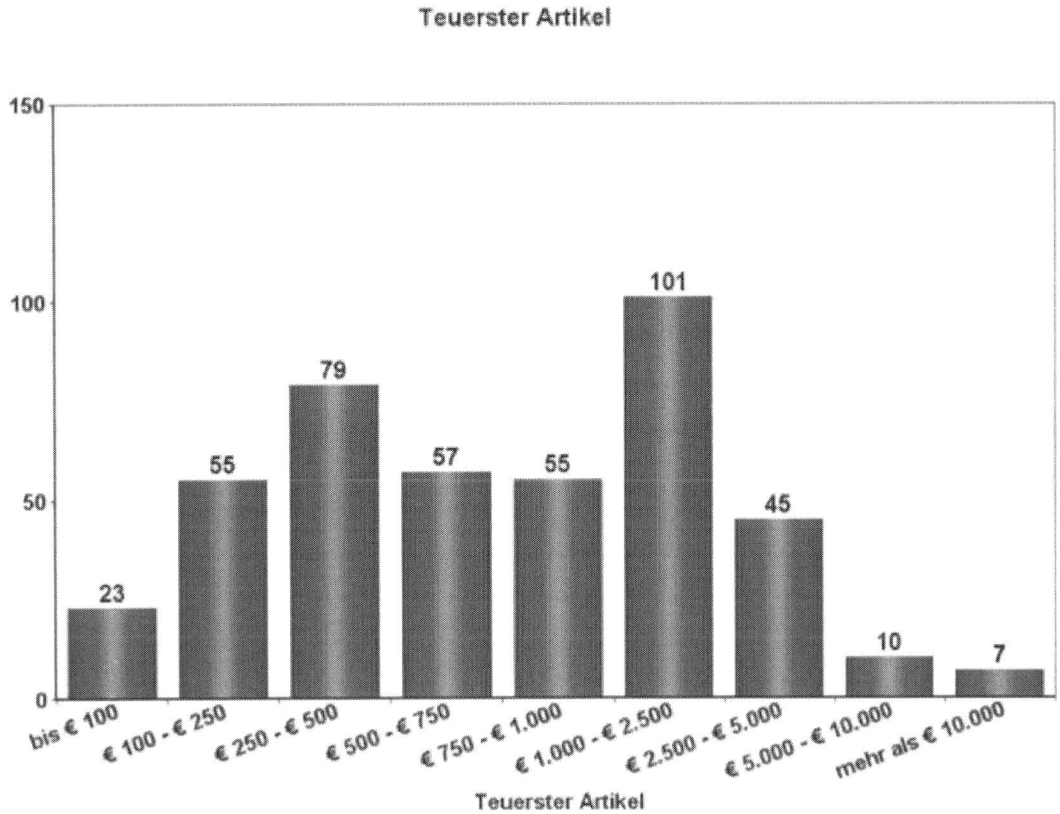

Bei knapp 23 % der Verkäufer liegt der teuerste verkaufte Artikel im Bereich zwischen 1.000 Euro und 2.500 Euro, an zweiter Stelle mit knapp 18 % liegen die Verkäufer, deren teuerster verkaufter Artikel zwischen 250 Euro und 500 Euro liegt.

Von den Zahlen auf dem amerikanischen Marktplatz sind die deutschen Verkäufer zwar noch weit entfernt, aber sie holen auf!

Bei eBay.com lagen die beiden teuersten verkauften Artikel der in „Die Powerseller-Elite von eBay.com"*[5] ausgewerteten Verkäufer bei $ 4.000.000 und $ 555.555 (beides Ringe).

In Deutschland ist neben Schmuck und Uhren auch ein Pelzmantel zum Verkaufspreis von 12.000 Euro über die virtuelle Ladentheke gegangen, der teuerste verkaufte Artikel war eine Audemars-Piguet-Uhr zum Preis von 35.000 Euro.

Am anderen Ende der Skala liegt ein Verkäufer, dessen teuerster verkaufter Artikel gerade einmal 22,99 Euro eingebracht hat.

Gesamtanzahl der eingestellten Artikel

Die Gesamtanzahl der von den 432 analysierten Verkäufern eingestellten Artikel liegt bei unglaublichen 363.407.535 Artikeln. Hier muss man zwischen eingestellten Angeboten und der Gesamtzahl der eingestellten Artikel unterscheiden. Stellt ein Verkäufer ein Angebot ein, aus dem heraus er zehn Artikel verkauft, hat er nur ein Angebot eingestellt, aber in der Gesamtanzahl der eingestellten Artikel zählen zehn.

Die Spannweite bei der Gesamtanzahl der eingestellten Artikel ist gewaltig.

Der Verkäufer mit den wenigsten eingestellten Artikeln hat gerade einmal 31 Artikel eingestellt, der Verkäufer mit den meisten eingestellten Artikeln kommt auf 58.666.452 eingestellte Artikel, danach folgen mit großem Abstand zwei Verkäufer mit je etwas mehr als 27 Millionen eingestellten Artikeln und dann folgen fünf Verkäufer, die zwischen zehn und 14 Millionen Artikel eingestellt haben.

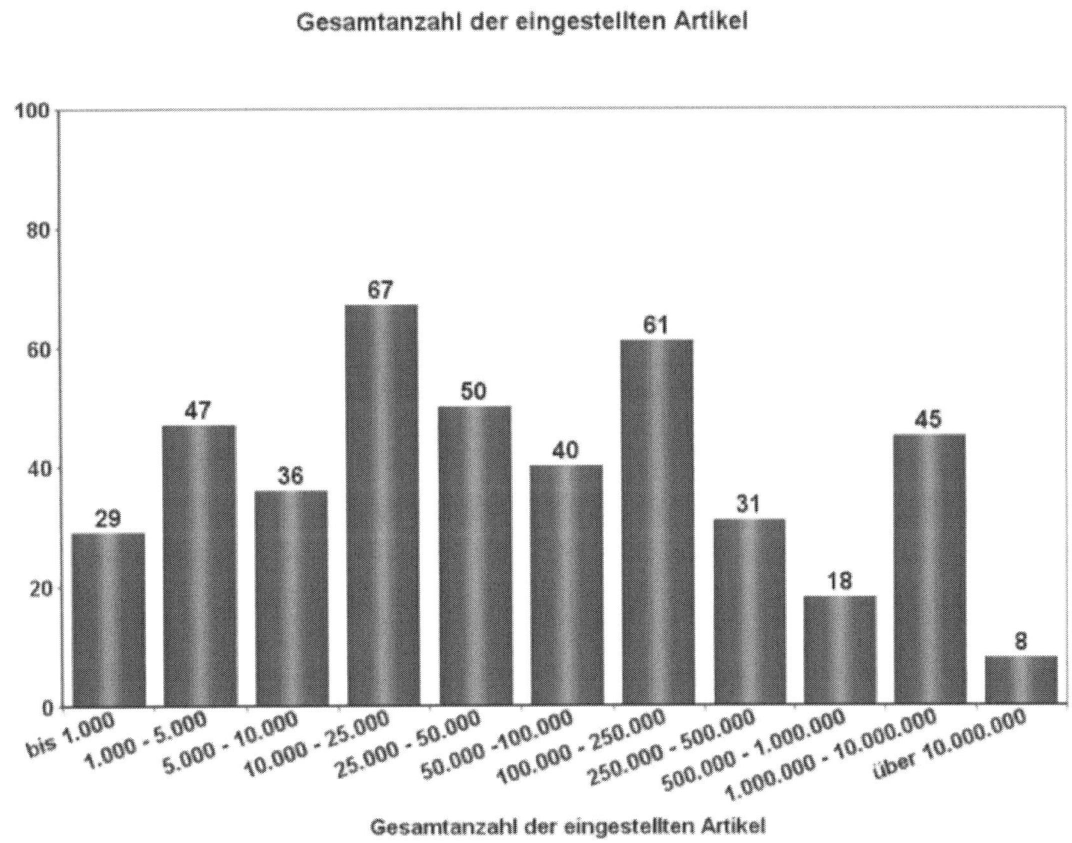

Die meisten Verkäufer haben zwischen 10.000 und 25.000 Artikel eingestellt, dann folgen die Verkäufer, die zwischen 100.000 und 250.000 Artikel eingestellt haben.

Hier hat es sich bei einigen Verkäufern offensichtlich noch nicht herumgesprochen, dass das Verhältnis der eingestellten zu den verkauften Artikeln für die Positionierung in den besten Ergebnissen bei der eBay-Suche eine große Rolle spielt.

Wenn Sie ein Angebot mit 100 Artikeln einstellen und fünf davon verkaufen, haben Sie in der eBay-Suche ein schlechteres Ranking als ein Verkäufer, der nur zehn Artikel eingestellt und fünf davon verkauft hat.

Einige Verkäufer könnten ihre Positionierung deutlich verbessern, wenn sie die Anzahl der eingestellten Artikel zunächst einmal reduzieren und erst nach erfolgreichen Verkäufen schrittweise erhöhen würden.

Eingestellte Angebote

Ganz anders sehen die Zahlen bei der Anzahl der eingestellten Angebote aus.

Wenn wir bei dem obigen Beispiel bleiben, ein Verkäufer also ein Angebot eingestellt hat, in dem er zehn Artikel zum Verkauf anbietet, dann waren das bei der Gesamtzahl der eingestellten Artikel zehn Stück – bei den eingestellten Angeboten, die wir jetzt betrachten, zählt jedoch nur das Angebot – unabhängig von der Menge der zur Verfügung stehenden Artikel – in diesem Fall also nur ein Angebot.

Bei dieser Betrachtung reduziert sich die Anzahl von 363.407.535 eingestellten Artikeln auf 4.755.844 Angebote.

Trotzdem ist das eine interessante Zahl.

Wenn man bedenkt, dass bei eBay 70 Millionen Artikel eingestellt sind, von denen mehr als 20 Millionen Artikel von privaten Verkäufern eingestellt werden, stellen diese 432 Verkäufer knapp 8,6 % aller bei eBay von gewerblichen Verkäufern eingestellten Artikel.

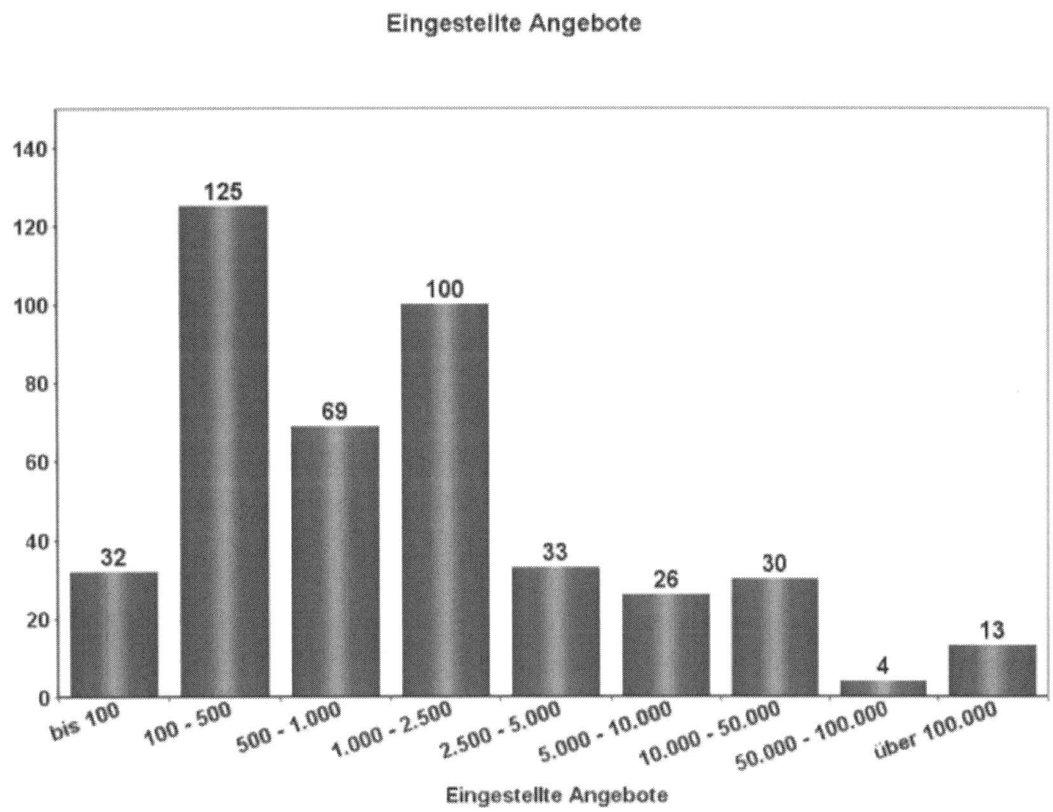

Auch hier ist die Spannweite wieder gewaltig. Der Verkäufer, der mit den wenigsten eingestellten Angeboten einen Monatsumsatz von mehr als 100.000 Euro generiert, hat gerade einmal 13 Angebote bei eBay eingestellt, danach folgt ein weiterer Verkäufer mit nur 18 eingestellten Angeboten und auch fünf weitere Verkäufer liegen unter 50 eingestellten Angeboten.

Am anderen Ende der Skala finden wir einen Verkäufer mit knapp 900.000 eingestellten Angeboten, ihm folgt ein Verkäufer mit knapp 880.000 eingestellten Angeboten, dann geht es abwärts auf knapp 400.000 eingestellte Angebote.

Insgesamt stellen die meisten Verkäufer bei eBay (knapp 75 %) bis zu 2500 Angebote ein, wobei innerhalb dieser Spanne die meisten zwischen 100 und 500 Angebote bei eBay einstellen, gefolgt von den Verkäufern, die zwischen 1.000-2.500 Angebote einstellen.

Interessant ist sicher, dass 32 Verkäufer (knapp 7 %) weniger als 100 Angebote eingestellt haben und damit einen Monatsumsatz von mindestens 100.000 Euro erwirtschaften.

Erfolgreiche Angebote

Werfen wir gleich im Anschluss einen Blick auf die erfolgreichen Angebote.

Von den eingestellten 4.755.844 Angeboten waren 759.705 Angebote erfolgreich und auch hier zeigen sich große Unterschiede.

Am Anfang steht wieder ein Verkäufer mit 13 erfolgreichen Angeboten, am anderen Ende der Skala steht ein Verkäufer mit 54.074 erfolgreichen Angeboten.

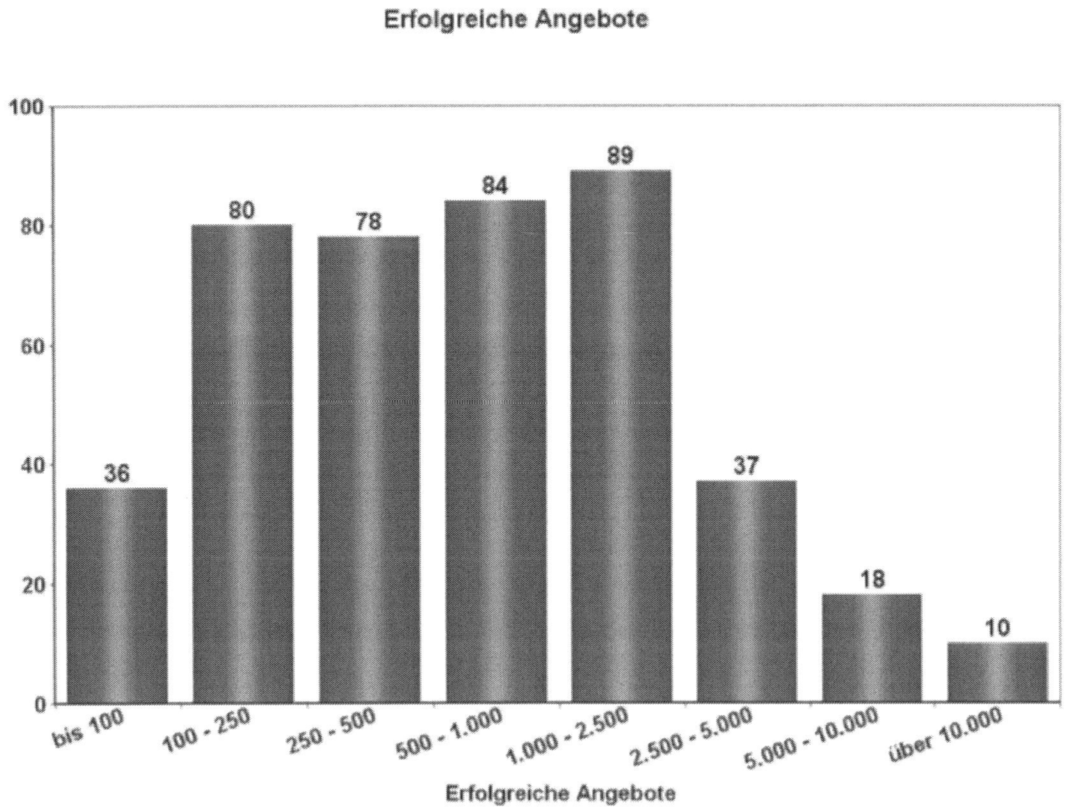

Insgesamt liegen die meisten Verkäufer (20 %) im Bereich zwischen 1.000 und 2.500 erfolgreicher Angebote, dicht gefolgt von den Verkäufern, die zwischen 500 und 1.000 erfolgreiche Angebote bei eBay eingestellt haben.

Nur 15 % der Verkäufer haben mehr als 2.500 erfolgreiche Angebote bei eBay eingestellt, aber zehn Verkäufer schaffen es immerhin auf mehr als 10.000 erfolgreiche Angebote.

Verkaufte Artikel

Sieht man sich die erfolgreichen Angebote an, muss man auch einen Blick auf die Anzahl der aus diesen Angeboten heraus verkauften Artikel werfen.

Man muss hier unterscheiden – erfolgreiche Angebote sind Angebote, aus denen heraus mindestens ein Artikel verkauft wurde. Hat ein Verkäufer also ein Angebot bei eBay eingestellt, in dem zehn Artikel zum Verkauf zur Verfügung stehen, und werden aus diesem Angebot zwei Artikel verkauft, dann hat er zwar nur ein erfolgreiches Angebot erstellt, aber bei der Anzahl der verkauften Artikel werden zwei gezählt.

Insgesamt haben die analysierten 432 Verkäufer bei eBay innerhalb von 30 Tagen 2.569.343 Artikel verkauft. Den Anfang machen vier Schmuck- und Uhrenhändler, die „nur" 27-31 Artikel verkauft haben und damit Mitglied in der Liga der Umsatzmillionäre geworden sind, am anderen Ende der Skala steht ein Verkäufer, der Autozubehör anbietet und bei eBay innerhalb von 30 Tagen 78.780 Artikel verkauft hat.

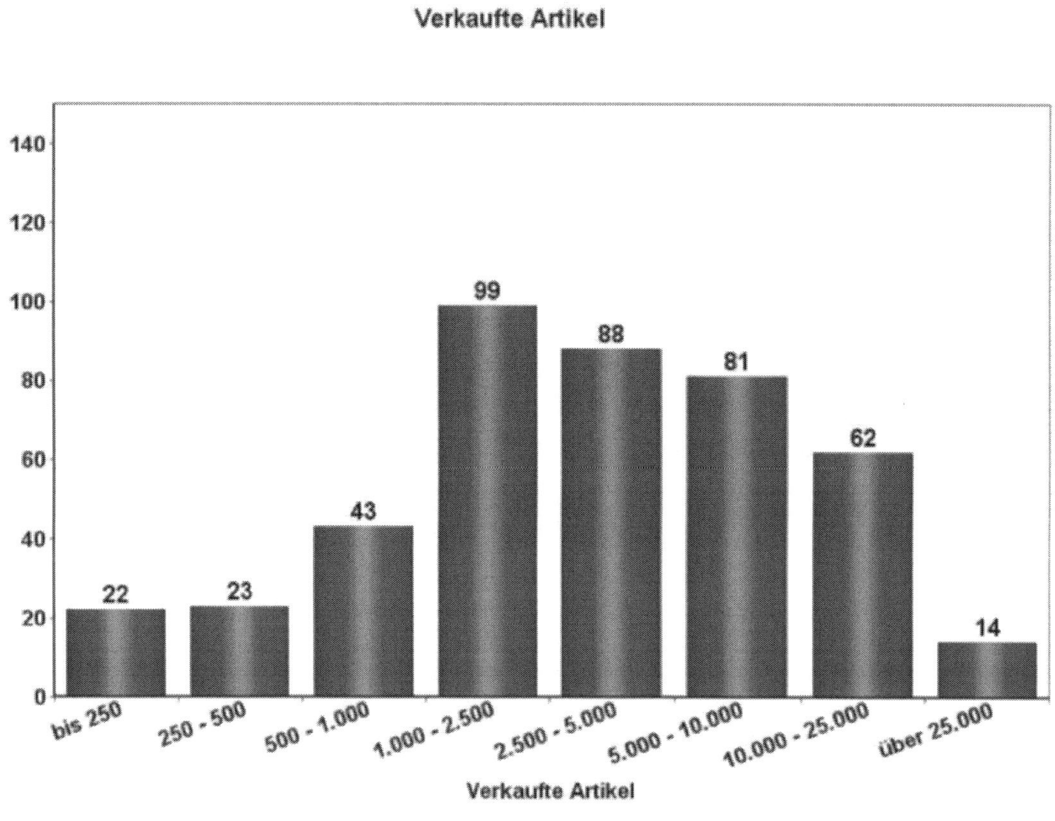

Hier sieht man deutlich, wie extrem unterschiedlich die eBay-Umsatzmillionäre aufgestellt sind. Ein Verkäufer, der täglich mehr als 2000 Artikel verkauft, benötigt eine ganz andere Lagerhaltung und Logistik als ein Verkäufer, der weniger als 50 Artikel im Monat verkauft.

Bei meiner Auswertung der amerikanischen Umsatzmillionäre*[5] konnte ich bei den High Volume Sellern eine eigene Verkäufergruppe bilden, die bei eBay im Monat mehr als 30.000 Artikel verkauft haben.

Davon sind wir in Deutschland noch weit entfernt. Neun Verkäufer schaffen es, in den Bereich von mehr als 30.000 verkauften Artikeln im Monat vorzudringen, drei davon haben mehr als 50.000 Artikel im Monat verkauft.

Im Vergleich zu 2012 fällt wieder auf, dass 2014 einige Verkäufer dabei sind, die weniger als 100 Artikel im Monat verkaufen. 2012 hatte der Verkäufer mit den am wenigsten verkauften Artikeln 147 Artikel verkauft. Die Käufer sind also bereit, auch höhere Summen bei eBay auszugeben.

Die meisten Verkäufer (23 %) verkaufen bei eBay im Monat zwischen 1.000 und 2.500 Artikel, dicht danach folgen die Verkäufer, die zwischen 2.500 und 5.000 Artikel verkaufen (20 %) und die Verkäufer, die zwischen 5.000 und 10.000 Artikel im Monat verkaufen (knapp 19 %), aber auch die Gruppe der Verkäufer, die zwischen 10.000 und 25.000 Artikel im Monat verkaufen, ist nicht weit vom Mittelfeld entfernt (knapp 14 %).

Verkaufsquoten

Bei der Wettbewerbsanalyse ist ein Blick auf die Verkaufsquoten der Wettbewerber oft sehr aufschlussreich. Kennt der Verkäufer seinen Markt oder fischt er im Trüben?

Verkäufer mit sehr niedrigen Verkaufsquoten sind in der Regel sehr viel besser einzuholen als Wettbewerber, die ihren Markt beherrschen.

Wie wird die Verkaufsquote errechnet? Bleiben wir bei dem Beispiel mit dem Angebot, in dem Sie zehn Artikel zum Verkauf zur Verfügung stellen und gehen wir davon aus, dass Sie zehn Angebote bei eBay online haben, in denen Sie je zehn Artikel zum Verkauf anbieten. Sie haben dann also zehn Angebote mit insgesamt 100 Artikeln online. Verkaufen Sie nun aus fünf von Ihren Angeboten jeweils fünf Artikel, dann haben Sie 25 Artikel verkauft und die Verkaufsquote liegt bei 50 %, weil nur die Hälfte Ihrer Angebote erfolgreich war, während aus der anderen Hälfte der Angebote gar keine Artikel verkauft wurden.

Bei diesen Artikeln gibt es also entweder keine Nachfrage oder Ihre Mitbewerber unterbieten Sie im Preis oder sie sind bei eBay besser positioniert, als Sie es sind.

Gründe dafür kann es viele geben, aber in der Regel ist es so, dass die Verkäufer, die den Markt gut kennen, eine höhere Verkaufsquote erzielen als Verkäufer, die nach Gefühl einstellen und damit nicht immer richtig liegen.

Werfen wir also einen Blick auf die Verkaufsquote der eBay-Umsatzmillionäre, die im Durchschnitt bei respektablen 72,74 % liegt.

Am Anfang der Skala steht ein Verkäufer, der eine Verkaufsquote von gerade einmal 0,27 % hat.

In seinem Fall bedeutet das, dass er von 282.534 eingestellten Angeboten 769 Artikel verkauft hat.

24 weitere Verkäufer weisen eine Verkaufsquote von weniger als 10 % auf.

Auf der anderen Seite stehen 40 Verkäufer, die den Markt genau kennen und eine Verkaufsquote von 100 % haben.

Hier muss man natürlich erwähnen, dass Verkäufer, die ihre Artikel ausschließlich im Auktionsformat anbieten, in der Regel eine höhere Verkaufsquote haben als Verkäufer, die ihre Artikel ausschließlich im Festpreisformat anbieten. Aber wie Sie später sehen werden, bieten recht wenige Verkäufer ihre Artikel ausschließlich im Auktionsformat an.

Insgesamt zeigen knapp 46 % der Verkäufer mit einer Verkaufsquote von mehr als 90 %, dass sie ihren Markt sehr genau kennen und ihn zu bedienen wissen.

Extreme Schwankungen gibt es in der Kategorie „Auto & Motorrad: Teile".

Hier gibt es gleich neun Verkäufer, die eine Abverkaufsquote von weniger als 5 % haben und auf der anderen Seite finden wir in dieser Kategorie zehn Verkäufer mit einer Abverkaufsquote von mehr als 98 %.

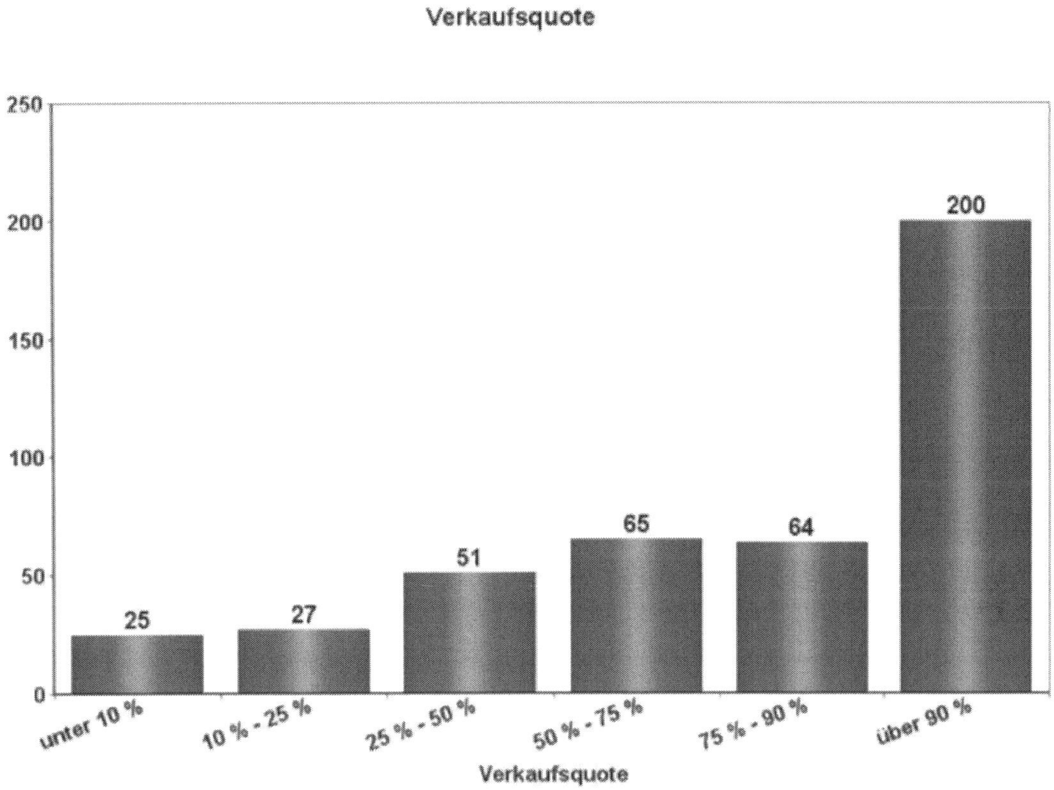

Hier fällt aber auch auf, dass die Verkäufer, die in dieser Kategorie eine sehr niedrige Abverkaufsquote haben, wenig Wert auf einen professionellen eBay-Auftritt legen.

Das fängt bei den Templates an und hört bei strategischen Entscheidungen wie z. B. dem Einstellen einer sehr hohen Anzahl von Artikeln, denen kaum Verkäufe gegenüberstehen, auf.

Wie ich schon im Vorwort geschrieben habe, gehören herausragende Markt- und Marktplatzkenntnisse zu den Grundpfeilern, die nötig sind, um ein erfolgreiches eBay-Unternehmen aufzubauen, und Verkaufsquoten von unter 5 % zeigen, dass hier dringender Optimierungsbedarf besteht.

Anzahl der Gebote

Insgesamt wurden auf die Angebote der 432 Verkäufer 4.833.469 Gebote abgegeben und auch hier sehen wir wieder eine enorme Spannweite zwischen 27 Geboten, die ein Schmuck- und Uhrenverkäufer erhalten hat, der seine Artikel ausschließlich im Festpreisformat anbietet, und 275.261 Geboten, die ein Händler aus der Kategorie „ Kleidung & Accessoires" erhalten hat, der seine Artikel zu 99 % im Auktionsformat eingestellt hat.

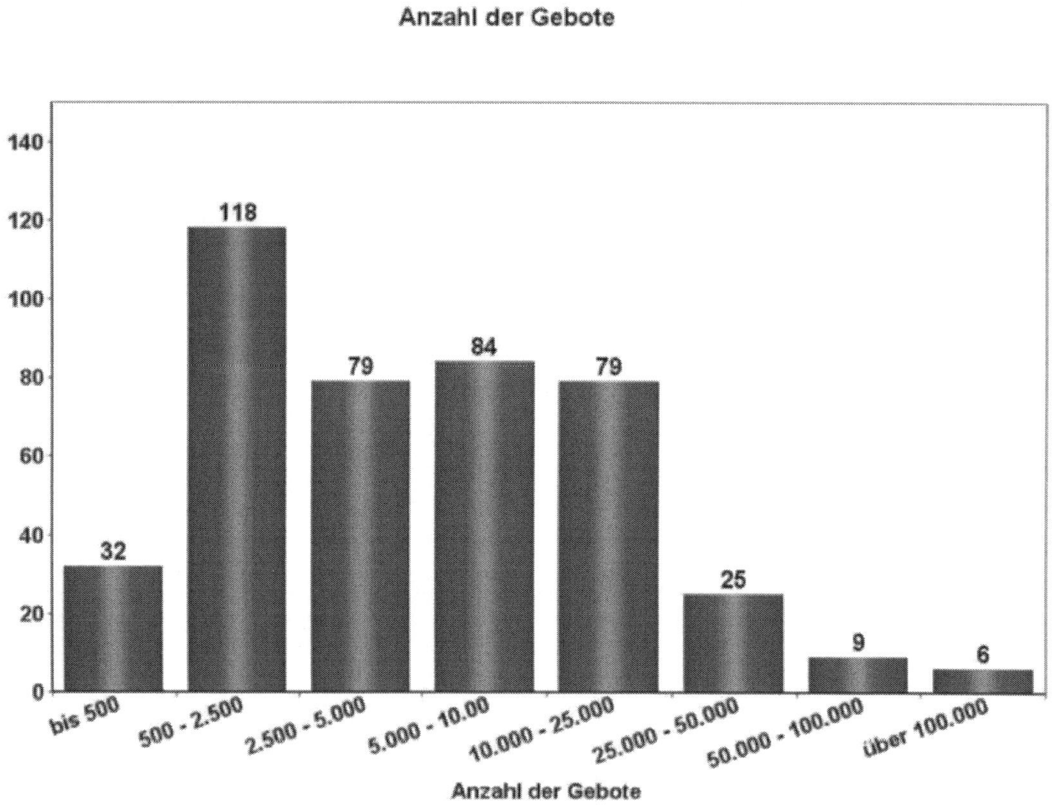

Insgesamt erhalten die meisten Händler zwischen 500 und 2.500 Gebote auf ihre Angebote, immerhin sechs Verkäufer schaffen es auf mehr als 100.000 abgegebene Gebote.

Die Anzahl der Gebote ist interessant, weil sie die Anzahl der „Bieterkontakte" zeigt.

Natürlich erhalten Verkäufer, die Auktionen anbieten, mehr Gebote als Verkäufer, die ausschließlich im Festpreisformat anbieten, aber mehr Gebote bedeuten eben auch mehr „Bieterkontakte".

Natürlich nutzen Bieter sowohl den eBay-Bietagenten als auch (offiziell verbotene) Sniping-Tools, aber es gibt auch viele Bieter, die ihre Gebote einzeln eingeben, ihre Gebote erhöhen, wenn sie überboten worden sind, oder sich am Ende der Auktion ein Bietgefecht mit anderen Bietern liefern und sich dabei immer auf der Angebotsseite des Verkäufers bewegen.

Mit einigen gut ausgesuchten Auktionen kann man die Zahl der Besucher deutlich steigern und durch ein gutes Cross-Selling gelingt es einigen Verkäufern auch, durch gezielte Auktionen die Besucherfrequenz im Shop zu erhöhen.

Dabei ist es nicht wichtig, die Auktionen mit einem Startpreis von 1 Euro zu starten – allerdings sollten Artikel ausgesucht werden, die eine hohe Nachfrage haben.

Angebotsformate

Wenn wir uns die Anzahl der Gebote ansehen, müssen wir auch gleich einen Blick auf das Angebotsformat werfen. Weltweit werden bei eBay 78 % der Angebote im Festpreisformat eingestellt, aber viele Verkäufer nutzen nach wie vor auch das Auktionsformat bei eBay und das kann tatsächlich sinnvoll sein.

Gerade Verkäufer, die in der eBay-Suche in den besten Ergebnissen schlecht positioniert sind, haben durch den gezielten Einsatz von ausgesuchten Auktionen die Chance, wenigstens kurz vor Ende der Auktion auf Seite 1 in den Suchergebnissen zu gelangen – eine Chance, die einige Verkäufer mit ihren Festpreisangeboten nicht hätten. Ist der Bieter dann erst einmal auf der Angebotsseite, geht es darum, ihn mit einem guten Cross-Selling im Shop zu halten. Strategisch gut platzierte Auktionen können also durchaus Sinn machen.

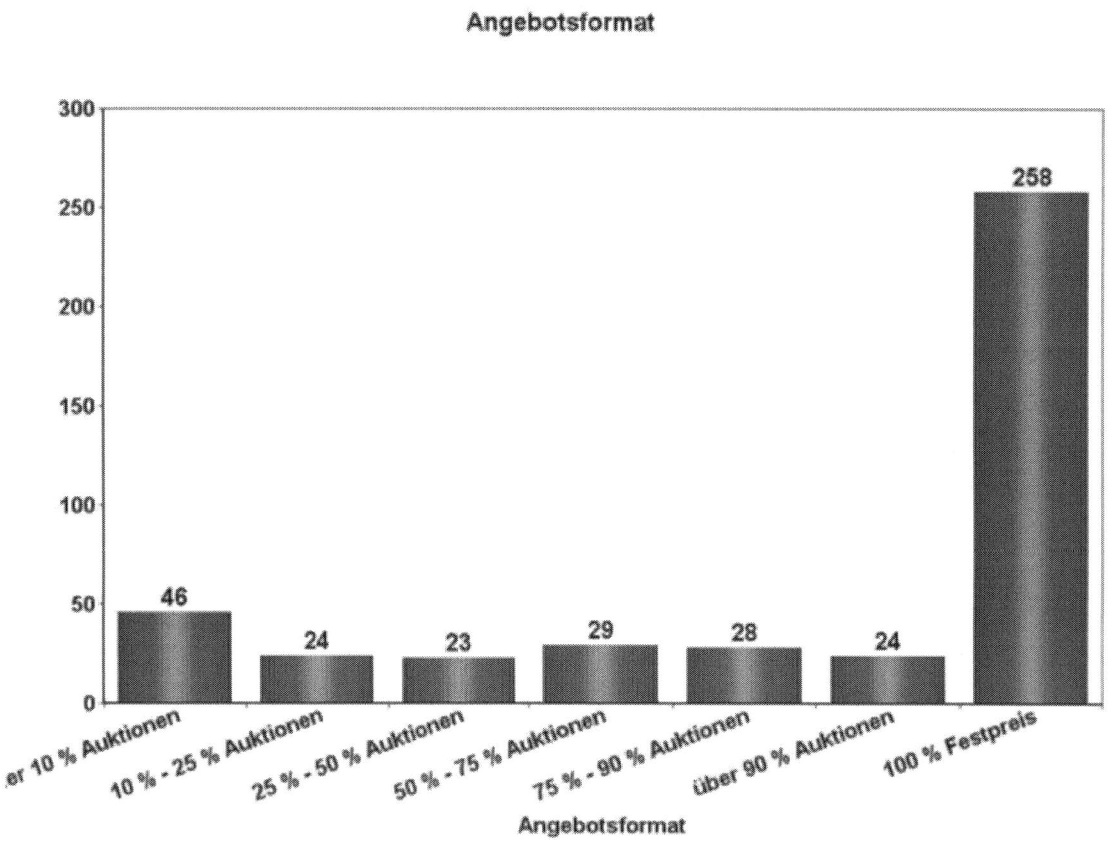

Von den 432 analysierten Verkäufern setzen knapp 60 % ausschließlich auf das Festpreisformat.

21 der analysierten Verkäufer bieten nur 1 % ihrer Angebote im Auktionsformat an, weitere 15 Verkäufer liegen im Formatmix bei unter 5 % Auktionen, auf der anderen Seite gibt es sieben Verkäufer, die ausschließlich auf das Auktionsformat setzen.

Die überwiegende Mehrheit schwört jedoch auf das Festpreisformat.

Zusatzoptionen

Bei der Wahl der Zusatzoptionen entscheiden sich knapp 65 % der Verkäufer für die Zusatzoption Untertitel.

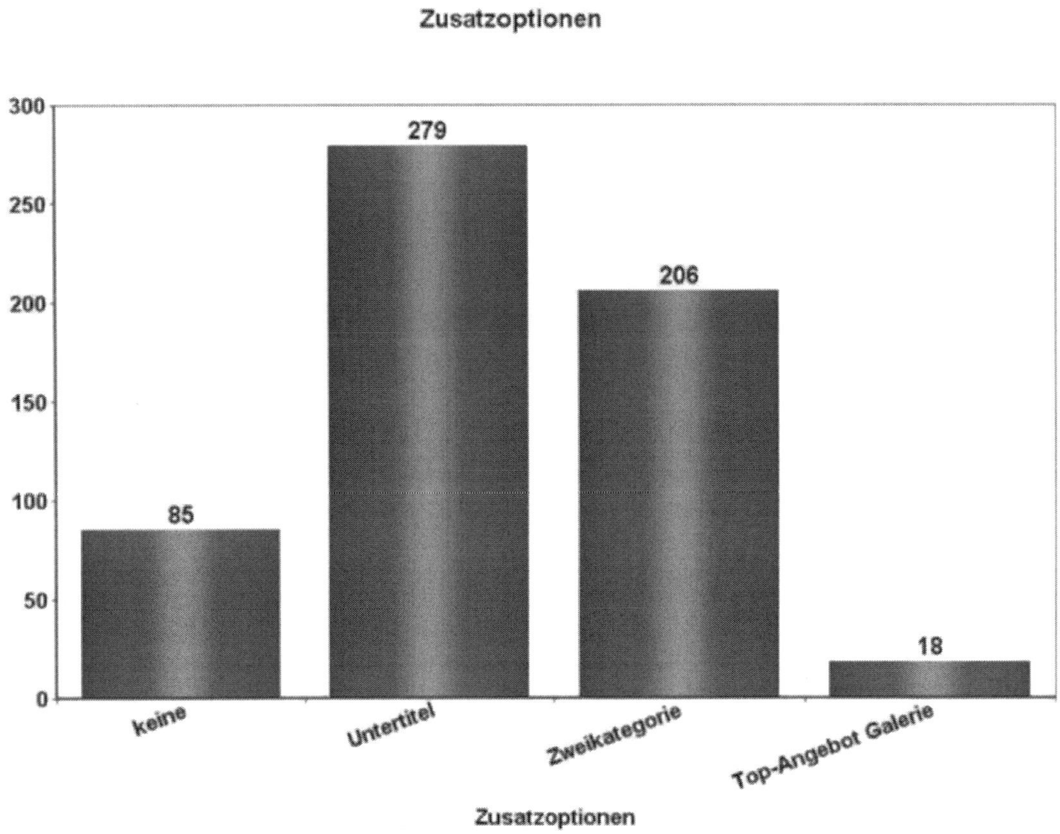

Aus Erfahrung weiß ich, dass vielen eBay-Verkäufern gar nicht bewusst ist, dass die Keywords, die sie im Untertitel hinterlegen, bei der klassischen eBay-Suche gar nicht gefunden werden.

Verkäufer, denen die 80 Zeichen im Titel nicht ausreichen, buchen gerne die Option Untertitel dazu, weil sie im Untertitel weitere Keywords unterbringen wollen und dabei sind sie sich nicht darüber im Klaren, dass diese Keywords im Untertitel von der eBay-Suchmaschine gar nicht berücksichtigt werden.

Keywords, die im Untertitel stehen, werden bei eBay nur dann angezeigt, wenn der Käufer über die erweiterte eBay-Suche die Suche in „Artikelbezeichnung und Beschreibung" einschließt.

Wenn bei selten angebotenen Artikeln bei der klassischen eBay-Suche nur wenige Treffer erzielt werden und man davon ausgehen kann, dass interessierte Käufer die Suche erweitern, kann ein mit weiteren Keywords angereicherter Untertitel durchaus Sinn machen.

In der Regel wird dies jedoch nicht der Fall sein und damit erfüllen Untertitel oft nicht den Zweck, den sie eigentlich in der Vorstellung des Verkäufers erfüllen sollten.

Untertitel werden selbstverständlich angezeigt, wenn Käufer die Suchergebnisse ihrer ursprünglichen Suche angezeigt bekommen und dann auch die Untertitel der angezeigten Angebote sehen oder wenn Käufer einfach nur durch die Kategorien browsen.

Wenn man das im Hinterkopf behält, kann man die zusätzlichen Zeichen, die im Untertitel zur Verfügung stehen, sinnvoll nutzen – man darf nur nicht die Intention haben, dass man im Untertitel weitere wichtige Keywords für die Suche unterbringen kann.

Denkbar wären hier z. B. Zusätze wie „mehr als 1000 x verkauft“, „Versand innerhalb von 24 Stunden“ oder „Versand aus Deutschland“.

Das alles wären Zusätze, die wiederum im Titel nicht sinnvoll wären, weil sie keine wichtigen Keywords enthalten, im Untertitel können sie jedoch als Stopper funktionieren und den einen oder anderen Käufer auf Ihre Angebote aufmerksam machen.

Wichtiger als der Untertitel ist natürlich immer der Titel, der bei Ausnutzung der 80 Zeichen alle relevanten Keywords enthalten sollte. Verkäufer, die ihre Titel optimieren, könnten sich den Untertitel oft sparen.

Neben dem Untertitel buchen knapp 47 % der Verkäufer eine zweite Kategorie. Das kann auch durchaus sinnvoll sein, weil es bei zahlreichen Artikeln mehrere infrage kommende Kategorien gibt und aus vielen Auswertungen weiß ich, dass es durchaus möglich ist, dass Artikel in unterschiedlichen Kategorien deutlich andere Verkaufsquoten aufweisen.

In manchen Kategorien werden die ersten Seiten von einigen wenigen Verkäufern dominiert und andere Verkäufer haben kaum eine Chance, in die Sichtbarkeit zu kommen. Wählen Sie hier eine sinnvolle! Zweitkategorie, kann das den Erfolg bei eBay durchaus steigern, wenn die Durchmischung der Verkäufer dort eine andere ist, und das ist oft der Fall. Allerdings muss die Kategorie selbstverständlich passen, aber in der Regel findet man eine passende Zweitkategorie.

Viele Verkäufer buchen auch beide Optionen – Untertitel und Zweitkategorie, was den Nachteil hat, dass sich die Kosten für die Zusatzoptionen jeweils verdoppeln und wenn dann der Untertitel nicht sinnvoll ist, verbrennt man hier unter Umständen einiges an Geld.

18 Verkäufer belegen ein Top-Angebot in der Galerie – hier muss man sicher die Zahlen auswerten, bei einigen Verkäufern, die diese Option nutzen, scheint sie mir wenig sinnvoll zu sein.

Es gibt auch Verkäufer, die gar keine Zusatzoptionen nutzen – immerhin 85 Verkäufer (knapp 20 %) verzichten komplett darauf.

Angebotsdauer – höchste Verkaufspreise

Kommen wir nun zu den Auswertungen, die vor allem für alle Verkäufer interessant sind, die Auktionen bei eBay einstellen.

Welche Rolle spielt die Angebotsdauer bei der Höhe der erzielten Verkaufspreise?

Welche Angebotsdauer soll ich wählen, um einen möglichst hohen Preis zu erzielen?

Wenig überraschend steht erst einmal das Shopformat an erster Stelle, wenn man die höchsten Preise nach Angebotsdauer betrachtet.

Klammert man das Shopformat jedoch aus, erzielen Angebote mit einer Laufzeit von fünf Tagen die höchsten Verkaufspreise, gefolgt von einer 1-tägigen Angebotslaufzeit.

Weit abgeschlagen liegen Angebote mit einer Laufzeit von zehn Tagen.

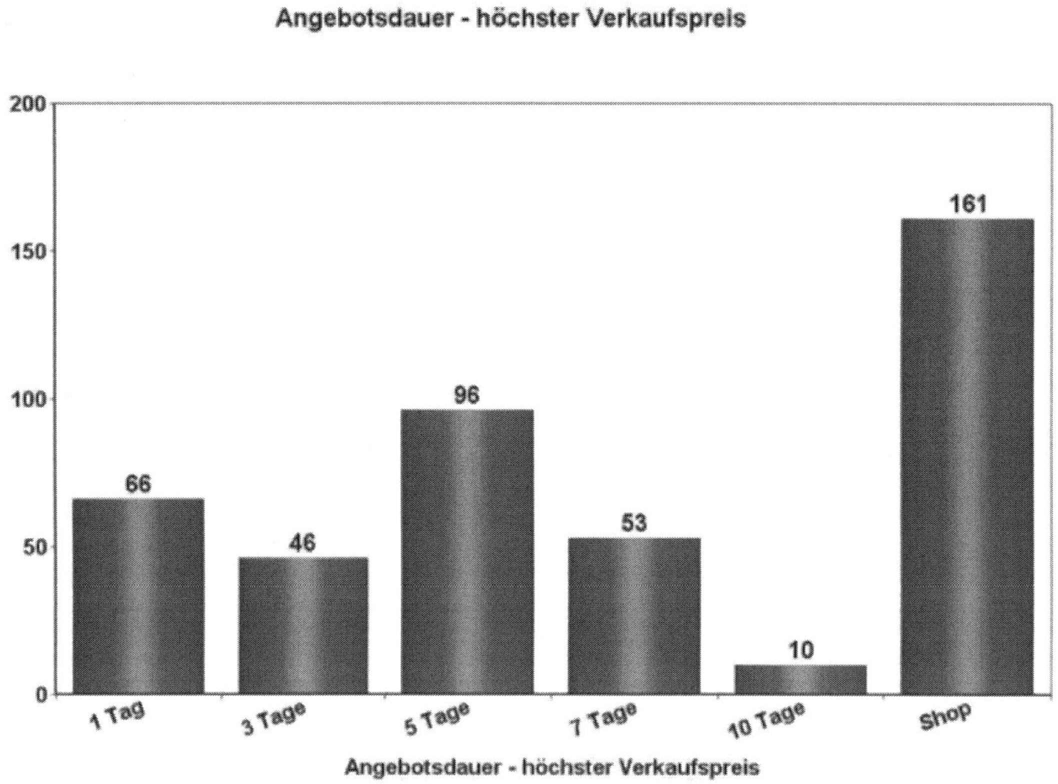

Schon 2012 gehörte die Laufzeit von zehn Tagen zu den unattraktivsten Angebotslaufzeiten, zusammen mit der Laufzeit von drei Tagen. Auch wenn die Laufzeit von drei Tagen jetzt etwas besser dasteht als noch 2012, bilden diese beiden Laufzeiten auch 2014 das Schlusslicht.

An sich ist das auch nachvollziehbar. Auktionen, die über zehn Tage laufen, geraten schnell in Vergessenheit. Am Anfang bietet niemand, um den Preis nicht in die Höhe zu treiben, dann wird das Angebot vergessen oder der Bieter hat bereits ein anderes Angebot gefunden und dort zugeschlagen. So läuft das Angebot dann zehn Tage und verschwindet bei eBay schnell irgendwo im Nirwana, bis es kurz vor Angebotsende wieder auftaucht und dann möglicherweise unattraktiv wirkt, weil kaum Gebote vorliegen.

Eine 1-Tages-Auktion einzustellen, kostet viele Verkäufer etwas Überwindung, weil die Angst im Hinterkopf sitzt, dass das Angebot nicht genug Zeit hat, um Aufmerksamkeit zu erregen, und so trifft es sich hervorragend, dass die höchsten Preise aktuell bei Laufzeiten von fünf Tagen erzielt werden.

Angebotsdauer – höchste Verkaufsquoten

Anders als beim höchsten Verkaufspreis kommen bei der Auswertung der Laufzeiten mit den höchsten Verkaufsquoten mehrere Laufzeiten in Betracht, denn viele Verkäufer haben eine durchgängige Verkaufsquote von 100 %.

Angebotsdauer - höchste Verkaufsquote

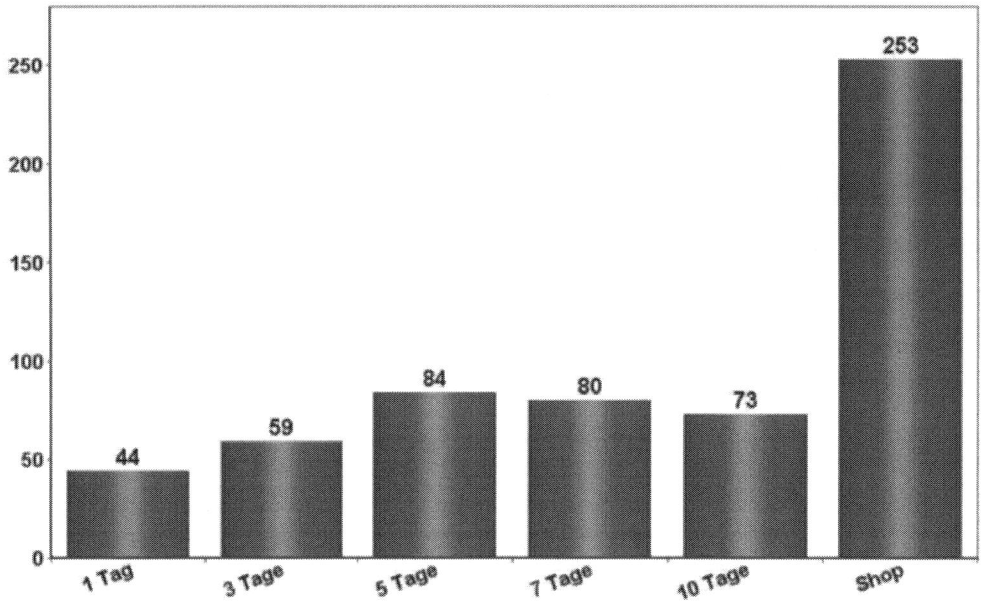

Angebotsdauer - höchste Verkaufsquote

Auch hier zeigt sich wenig überraschend, dass bei Shopangeboten die höchste Verkaufsquote erzielt wird, allerdings siegt auch hier die Laufzeit von fünf Tagen, wenn man die Shopangebote ausblendet.

Auch bei einer Laufzeit von sieben Tagen wird noch eine hohe Verkaufsquote erzielt, abgeschlagen ist hier die Laufzeit von einem Tag.

Betrachtet man die Auswertung der 432 Umsatzmillionäre wäre die beste Strategie einen Artikel zwischen fünf und sieben Tagen einzustellen, weil bei diesen Laufzeiten sowohl hohe Verkaufspreise als auch hohe Verkaufsquoten erzielt werden. Klarer Sieger wäre die Angebotslaufzeit von fünf Tagen, die sowohl die höchsten Verkaufspreise als auch die höchsten Verkaufsquoten verspricht.

Schon 2012 stand die Angebotslaufzeit von fünf Tagen nach dem Shopformat an zweiter Stelle.

Leider kann man bei eBay nie eine allgemeingültige Aussage treffen und wie immer kommt es auf die Präsentation, den Artikel, die Kategorie und vieles andere mehr an, aber die Auswertung kann doch eine deutliche Tendenz aufzeigen, welche Laufzeiten sich im Allgemeinen bewährt haben, denn schließlich sind unsere Umsatzmillionäre in fast allen eBay-Kategorien aktiv und haben in einem Zeitraum von 30 Tagen 2.569.343 Artikel bei eBay verkauft und stellen damit eine repräsentative Gruppe dar.

Höchste Verkaufspreise nach Wochentag

Jeder Verkäufer hat ein Interesse daran, dass seine Artikel zu möglichst hohen Preisen verkauft werden und so stellt sich unweigerlich die Frage, an welchem Tag bei eBay die höchsten Verkaufspreise erzielt werden.

Leider kann man auch hier keine Aussagen treffen, die immer allgemeingültig sind.

Bei eBay spielen viel zu viele Dinge eine Rolle, wie z. B. die Überschrift (wird der Artikel überhaupt gefunden), die Artikelbeschreibung (kann der Verkäufer überzeugen oder bleiben Unsicherheiten beim Käufer), das Bewertungsprofil und vieles andere mehr.

Daneben spielen die Kategorien und auch die Durchschnittspreise der Artikel eine Rolle. Sehr günstige „Mitnahmeartikel“ werden ohne groß darüber nachzudenken schnell einmal gekauft, bei größeren Anschaffungen sieht das anders aus. Da unsere Verkäufer jedoch in nahezu allen Kategorien bei eBay vertreten sind und sich in ganz unterschiedlichen Preissegmenten bewegen, kann man bei der Auswertung zumindest eine Tendenz ablesen, an welchen Tagen bei eBay die höchsten Preise erzielt werden.

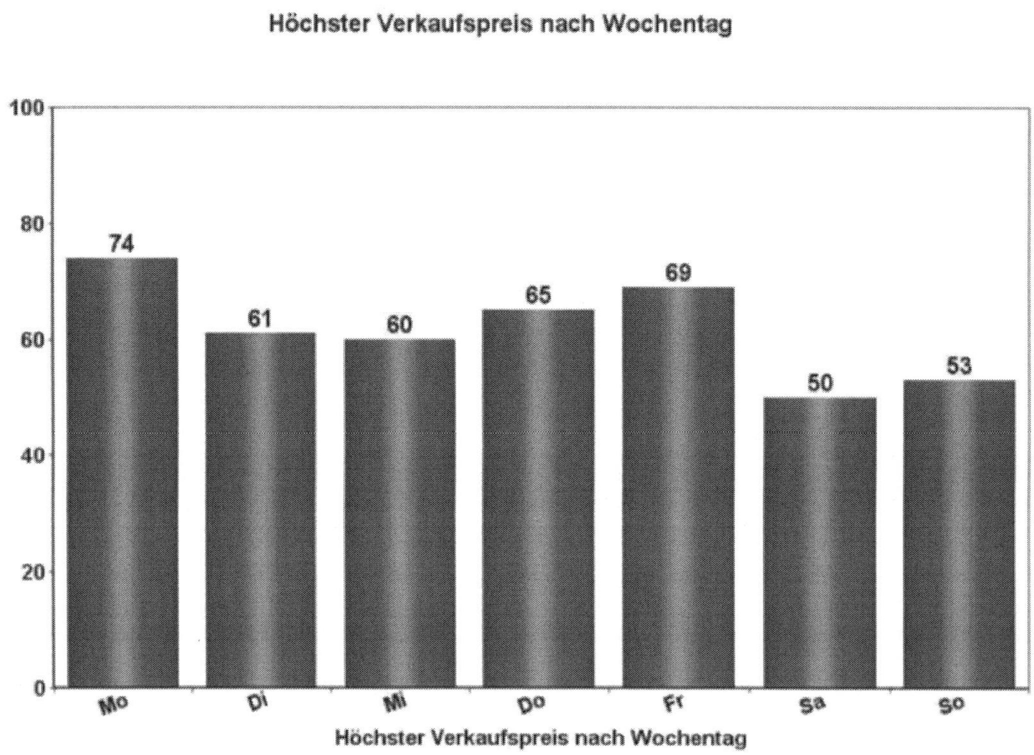

Die höchsten Verkaufspreise werden bei eBay aktuell am Montag erzielt, sehr dicht daran liegt der Freitag. An dritter Stelle steht der Donnerstag – Dienstag und Mittwoch fallen gegenüber den anderen Wochentagen etwas ab.

Am Wochenende gehen die Verkaufspreise in den Keller und das ist nicht verwunderlich, wenn man einen Blick auf die Verkaufsquoten wirft:

Höchste Verkaufsquoten nach Wochentag

Die höchsten Verkaufsquoten werden mit Abstand am Sonntag erzielt, d. h. also, dass am Sonntag bei eBay die meisten Artikel verkauft werden, und das wird niemanden überraschen.

An zweiter Stelle folgt der Samstag.

Am Wochenende haben die Menschen Zeit und können sich in aller Ruhe bei eBay umsehen.

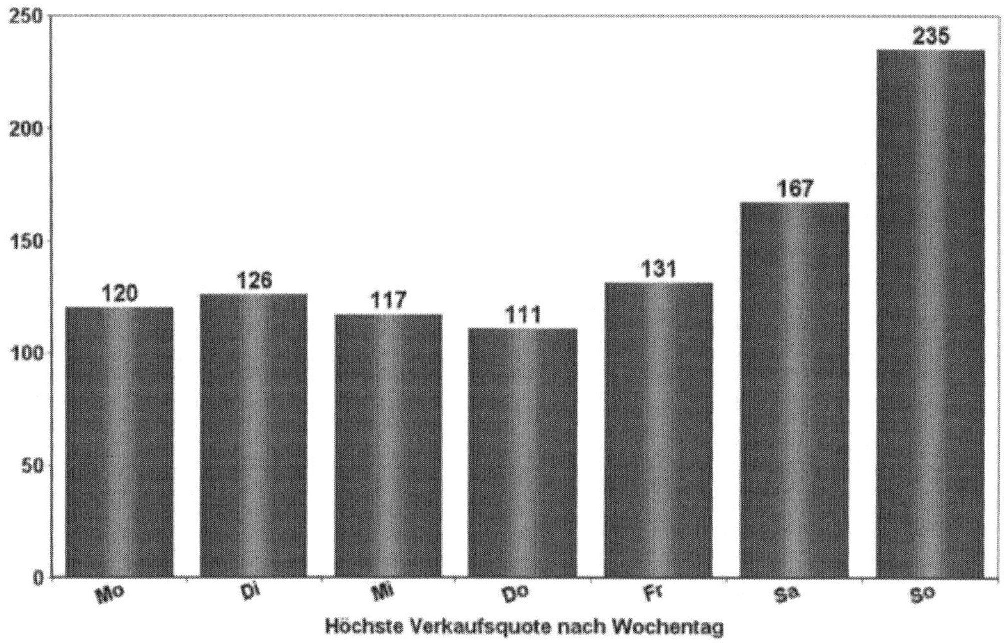

Bei den Wochentagen schneidet der Freitag am besten ab, gefolgt von Dienstag und Montag.

Würde man einen Schnittpunkt suchen, an dem viele Artikel zu guten Preisen verkauft werden, wäre der Freitag der geeignete Tag.

Früher war der Freitag ein Tag, den Verkäufer gerne gemieden haben, weil eBay durch die am Freitag stattfindenden Wartungsarbeiten oft mit kleineren Problemchen zu kämpfen hatte.

Diese Zeiten sind längst vorbei, aber in den Köpfen der „alten Hasen" ist das noch fest verankert. So werden vermutlich viele den Freitag meiden und damit weniger Artikel einstellen, sodass das Verhältnis zwischen Angebot und Nachfrage am Freitag besser ist, als allgemein angenommen.

Am Wochenende werden zwar viele Artikel verkauft, weil aber die Konkurrenz groß ist, sinken die durchschnittlichen Verkaufspreise am Wochenende.

Bestseller

Zum Schluss gibt es noch eine Liste mit den Bestsellern der 432 analysierten Verkäufer. Ich habe ganz bewusst eine lange Liste geschrieben und auch einige Artikel aufgenommen, die zwar nicht in sehr hoher Stückzahl verkauft worden sind, aber doch einen wichtigen Eindruck vermitteln, was bei eBay alles läuft. Vermutlich werden Sie sich über einige Dinge wundern und Artikel entdecken, mit denen Sie nicht gerechnet haben.

Für mich war diese Liste ein Quell der Inspiration und wer auf der Suche nach Artikeln ist, die sich bei eBay gut verkaufen, bekommt hier viele Ideen geliefert.

Ich habe die Überschriften ganz bewusst im Original gelassen (teilweise nur etwas verkürzt), weil es auch interessant zu sehen ist, wie die Verkäufer ihre Artikel anpreisen.

- 4.838 x Rohrisolierung Rohrdämmung PE Isolierung f Rohre 15 - 42 mm Dicke 9 - 13 - 25 mm
- 4.832 x G4 G9 1,5W 2W 3W 5W LED Glühbirne Stiftsockel Leuchtmittel Lampe Warmweiß
- 3.783 x Viega profipress Pressfitting System Kupfer Rotguss Heizung Trinkwasser
- 3.494 x 1x Holzfliese 30x30cm Akazie Holz Terrassenfliesen
- 3.358 x Handy Tasche für Samsung / iPhone Case Schutz Hülle Etui Schale
- 3.133 x Holzfliese Terrassenfliesen Holzfliesen Terrasse Holz Fliese 30x30cm Bodenfliese
- 3.088 x BUSCH-JAEGER Schalterprogramm Reflex Si alpinweiß, Steckdosen Schalter
- 3.037 x Mehrschichtverbundrohr Verbundrohr Aluverbundrohr Rohr Fitting
- 2.365 x E27 E14 3W LED Birne Spot Glühbirne Lampe Kerzenbirne Kerzen Leuchtmittel
- 2.362 x G4 G9 Stiftsockel Glühbirne LED Leuchtmittel Lampe Warmweiß Weiß
- 2.096 x 10x 3W GU10/MR16 54SMD WARMWEIß/KALTWEIß LED STRAHLER
- 2.868 x Handy Tasche für Samsung Galaxy Smartphone Flip Case
- 2.733 x Einbaustrahler GU10 , MR16 Schwenkbar Einbaurahmen Einbauleuchte Spot LED HL750
- 2.723 x Bosch 32-tlg. Schrauberbit-Set + Handschraubendreher, Bit-Satz, Bit-Box, Bitset
- 2.422 x Klemmfix PLISSEE für Fenster & Türe Faltrollo Rollo Sichtschutz ink. Klemmträger
- 2.409 x PAULGOS - Trachten Lederhose --- Echtes Leder --- Kniebund --- Dunkelbraun
- 2.066 x Western Digital My Passport Ultra 1TB
- 2.002 x Handy Tasche Schutz Hülle Etui Schale Handy Hülle TOUCH CASE Für Samsung Galaxy

- 1.993 x 2 Liter LAKUDIA OLIVENÖL NATIV EXTRA PREMIUMQUALITÄT KALTGEPRESST
- 1.986 x 1m-30m LED RGB SMD5050 30/60 LEDs Streifen Strip Band Leiste + Controller+ Trafo
- 1.948 x Paddockplatten Rasenwabe Rasengitterplatten
- 1.899 x Gaudi Trachten Lederhose Neu dunkelbraun mit Hosenträgern Gr.46-60
- 1.887 x WoW Gamecard 60 Tage Spielzeit per Sofortversandt
- 1.877 x FRUIT OF THE LOOM T-Shirt Gr. S M L XL XXL XXXL 3XL NEU
- 1.872 x High Power LED SMD GU10 GU5,3 MR16 E14 E27 G9 Lampe Licht Spot Strahler
- 1.862 x Wiha 05631 VDE-Schraubendreher-Satz 6tlg. Abtrieb Schlitz/Kreuzschlitz-PH
- 1.800 x Sony Playstation® 4 (PS4) Konsole 500GB schwarz NEU & OVP
- 1.783 x PSN Playstation Network Card Key 20€ - PS3 PSP - DE
- 1.731 x Kapuzenpullover Sweatjacke Hoodie Pullover
- 1.706 x LED SMD GU10 GU5,3 MR16 E14 E27 G9 Lampe
- 1.675 x 5m LED-Band mit 30 Hochleistungs LED´s pro Meter Wasserfest In- und Outdoor
- 1.661 x Intenso Micro SDHC Karte 32GB Speicherkarte Class 10 inkl. SDHC SD Card Adapter
- 1.632 x Klemmringverschraubung 16x2 mm Eurokonus 3/4 Zoll
- 1.594 x Pressfitting Winkel 90° für Aluverbundrohr
- 1.577 x MaLiMo Bodenhülse Einschlagbodenhülse Einschlaghülse Pfostenträger verzinkt
- 1.538 x E27 E14 LED Glühbirne Birne Bulb Leuchtmittel Spot 3W - 9W warmweiß
- 1.530 x Brother DCP-J152W Multifunktionsdrucker 3-in-1 WLAN
- 1.520 x Buderus Installationssysteme Kupfer Löt Fitting 12-54 mm alle Formteile Rotguss
- 1.465 x mounty® LCD LED Plasma TV Wandhalter bis 52 Zoll Wandhalterung Halterung
- 1.442 x TOP - 7 ZONEN WATERCELL - WELLNESS DREAM EXKLUSIV MATRATZEN
- 1.410 x SURPLUS™ Raw Vintage SOFTSHELL JACKE BEAST Function Herren und Damenmodell
- 1.401 x PSN Playstation Network Card Key 50€ - PS3 PSP - DE
- 1.355 x Kupferrohr (5m Stange)
- 1.331 x H-Anker Pfostenträger H-Träger Carport Pfostenanker
- 1.291 x Steckregal Büroregal Schwerlastregal Kellerregal Lagerregal 175kg je Boden 875kg
- 1.261 x WOW - NEBULUS SWEATJACKE PIJRI, Freizeitjacke, Baumwolljacke
- 1.261 x SAMSUNG GALAXY TAB 4 T530 BLACK 10.1 WIFI TABLET PC 16GB ANDROID QUAD-CORE
- 1.195 x 2m HDMI Kabel 1.4 a Echt 3D - Highend with Ethernet - FULL HDTV LCD HD TV PS3
- 1.192 x Hailo Aluminium Sicherheitsleiter Profistep XXL, 5 Stufen, Haushaltsleiter

- 1.177 x Einbau-Abstandshalter für Hohldecken Abstandhalter LED Einbau-leuchten Strahler
- 1.154 x 5m HDMI Kabel 1.4 a Echt 3D - Highend with Ethernet - FULL HDTV LCD HD TV PS3
- 1.145 x Einbaustrahler Einbauleuchte Rahmen Spot Schwenkbar LED Halogen GU10 Einbauspot
- 1.144 x PSN Playstation Network Card Key 50€ 50 EUR EURO Prepaid Card
- 1.137 x HERREN TRACHTEN LEDERHOSE 46-62 TRACHTENSET,HEMD,SCHUHE,SOCKEN
- 1.107 x WOW - Nebulus Fleecejacke EXPLORE, Herren/Damen/Kinder, schwarz/weiß/blau/rot
- 1.092 x 12 Monate Xbox 360 - Xbox One Live Gold Mitgliedschaft Card Code
- 1.092 x Einbaustrahler GU10 MR16 Rahmen schwenkbar Einbaurahmen Einbauleuchte Spot
- 1.051 x 6x Pierre Cardin Herren Retro Boxer viele Farben & Größen
- 1.051 x Bosch 83-tlg. TiN Bohrer- und Bit-Set mit LED-Taschenlampe u. Rollgabelschlüssel
- 1.044 x Alu Jalousie / Klemmfix Jalousien Rollo f. Fenster Schalusie Jalusie Schalosien
- 1.236 x Jako Player Softshelljacken Softshelljacke Kinder u. Erwachsenen
- 1.024 x Black & Decker EGBHP188BKQW Akku Schlagbohrschrauber + 2. Li-Ionen Akku + Koffer
- 1.019 x Toshiba STOR.E Canvio 1,5TB USB 3.0 HDD externe Festplatte 2,5 Zoll Backup
- 1.019 x Pierre Cardin Langarm Sweatjacke Jacke Sweater Farbauswahl Gr. M - XXXL
- 1.010 x Original Akku für Samsung GT i8190 Galaxy S3
- 1.096 x lux.pro® GU10 E14 E27 MR11 MR16 G4 G9 G24 GX53 LED LAMPE SPOT BIRNE
- 1.079 x KFZ Ladekabel für Samsung Galaxy S4 S3 S2 S SL ACE mini LTE Plus Auto Ladegerät
- 1.020 x BOSCH AKKU-SCHRAUBER GSR 1800 LI + 2 AKKUS 18V + KOFFER
- 1.019 x NEU K-SWISS Sneaker Hi Halbschuhe Schuhe Adcourt LA & Adcourt ,72 P SO MID Fell
- 1.008 x FX-LB1.0 Benzin 3in1 Laubsauger Laubhäcksler Laubbläser
- 1.002 x Herren Jeans & Hosen, verschiedene Modelle/Farben, Chino Hose
- 1.000 x Bosch Akkuschrauber GSR 10,8-2-LI blau Bohren & Schrauben LED-Licht
- 991 x NEU JACK & JONES Jeans Hose 8 verschiedene Modelle Ben Clark Nick Original Stan
- 991 x 4er Pack Pierre Cardin T-Shirts V-Neck Rundhals S M L XL XXL 3XL Farbwahl
- 986 x Klickfliese Klickfliesen Holzfliese Terrassenfliesen Holzfliesen 30x30cm Fliese
- 982 x Philips Dekoleuchte Living Colors Iris

- 982 x Jersey Spannbettlaken 100% Baumwolle 5 Größen 14 Farben
- 971 x Die Sims 4 Limited Edition PC CD-Key EA Origin Download Code - Vollversion [DE]
- 965 x NEBULUS FLEECEJACKE SCHWEDEN, Herren/Damen, Fleece Jacke
- 964 x 10W 20W 30W 50W 100W LED Flutlicht Fluter RGB Strahler Stecker Warmweiß
- 959 x °Patchkabel NetzwerkKabel DSL-Kabel Ethernet Cat5e UTP
- 951 x Xbox One XBOX 360 LIVE GOLD Mitgliedschaft 12 Monate Karte Code
- 942 x Kappa Fleece Jacke Unisex Fleecejacke viele Farben & Größen S bis 3XL
- 933 x PATCHKABEL DSL LAN NETZWERK NETZWERKKABEL S/FTP LANKABEL CAT 6e CAT6e Kat
- 931 x s`luce Sunrise Sonnen Deckenleuchte mit Effektstrahlen
- 919 x Timberland Herren 5130A / 5131A / 5264A / 5807R EK Plain Toe Chukka
- 914 x Herren Trachten Lederhose Trachtenlederhose Träger Neu Schwarz Größe 46 bis 62
- 907 x Kappa Rucksack / Retrosporttasche mit 12 Paar Socken oder 18 Paar Kappa Socken
- 882 x NEU JACK & JONES Boxershorts Herren Trunk Boxer 3 Stück grau, schwarz oder weiß
- 873 x 30000mAh Externer Akku Power Bank USB Ladegerät
- 867 x Original Apple Lightning Lade Kabel IPhone 5 5S IPad Mini Air
- 822 x Schwerlastregal Lagerregal verzinkt Kellerregal Regal Steckregal Werkstattregal
- 821 x CONVERSE CHUCK TAYLOR ALL STAR HI SCHUHE SNEAKER CHUCKS KLASSIKER BASIC
- 811 x Trachtenkleid 3Tlg. Dirndl Oktoberfest Gr: 34.36.38.40.42.44.46.48.50.52
- 806 x NEU 3tlg Dirndl Trachtenkleid Gr.32,34,36,38,40,42,44,46,48,50,52,54,56,58,60
- 805 x SAMSUNG GALAXY S3 III GT-I9300/ I9301 NEO ANDROID SMARTPHONE KAMERA WLAN 3G WOW
- 800 x SAMSUNG GALAXY TAB PRO T520 10.1 ANDROID TABLET WIFi BLUETOOTH KAMERA WLAN WOW
- 799 x PAULGOS Damen Trachten Bluse Carmenbluse Trachtenbluse Blau Rot Weiss Kariert
- 792 x PlayStation Network 50 EURO Card Code DE
- 780 x H07 RN-F 3 x 2,5 mm² Gummikabel
- 771 x Pfostenkappe verzinkt 9x9 cm Pyramide Abdeckkappe für Pfosten Abdeckung 91x91 mm
- 762 x LUXUS NEU DESIGNER DAMENSCHUHE STIEFELETTEN
- 755 x Bosch 91-tlg. TiN Bohrer- und Bit-Set mit Ratsche und Magnetstab
- 754 x Doppelrollo Seitenzug Duo Rollo
- 753 x Premium Sisal Stufenmatten,Treppenstufenmatten, Stufenmatte, Treppenteppich
- 743 x Original Samsung Akku EB-F1A2GBU i9100 Galaxy S2

- 741 x Movit antiburst Gymnastikball + Pumpe 65 / 75 cm Farbwahl
- 735 x NEU NIKE Hoodie Herren Flight Pullover Hoody Jordan Air Max 90 Sweatshirt LTD
- 730 x Elektronischer Safe Tresor 17x23x17cm Möbeltresor Kombination + Schlüssel
- 728 x Samsung SSD 840 PRO Series 128GB 2.5zoll MLC SATA600
- 718 x DIVERO Fliese Mosaik Keramik Bruchmosaik
- 707 x Asus GeForce ROG MATRIX GTX 780 Ti Platinum I 3GB GDDR5, PCIe 3.0, DVI, HDMI, DP
- 704 x Rolladenmotor, Rolladenantrieb, Rohrmotor Jalousiemotor
- 699 x KLEMMFIX VERDUNKELUNGSROLLO Klemmrollo Kettenzug Fenster Rollo Klemmhalter
- 697 x 10 x Osram Glühbirne 25W 40W 60W 75W 100W E27 klar & matt Glühbirnen Glühlampen
- 691 x Pierre Cardin Pullover Herrenpullover V-Neck viele Farben
- 690 x 1 Rolle Luftpolsterfolie 100cm x 100m - Frei Haus !
- 680 x WOW - Nebulus Boxershorts, 3er Pack Boxxy
- 676 x 10x Glühbirne Glühlampe Tropfen Kerzen Birnen E27 E14 klar & matt Restposten
- 668 x Original Samsung Akku Accu EB-F1M7FLU für Galaxy S3 Mini i8190 - 1500mAh
- 668 x 12W Profi HighPower LED-Deckenleuchte Deckenlampe Energiesparlampe / 12W = 60W
- 667 x ABDECKPLANE / GEWEBEPLANE / SCHUTZPLANE / ABDECKPLANEN
- 666 x Nasenspray
- 664 x Lekra Dirndl Damen Kleid Oktoberfest Irmi mit Schürze
- 658 x NEU NIKE Damen College Jacke Padded Dnt Destroyer Pullover
- 658 x 5m RGB LED Strip e Leiste Streifen SMD Band Lichter Licht Leuchte n Lichterkette
- 657 x 1,5m Klinke Audio Kabel - 2x 3,5mm Stereo-Klinkenstecker, Klinke auf Klinke
- 651 x Samsung Galaxy S5 Mini Smartphone 16GB 8 Megapixel Kamera Android 4.4
- 646 x Damen Trachten Lederhose Neu schwarz lang Gr.34-36-38-40-42-44-46-48-50 m.Träger
- 638 x Asics Damen und Herren Laufschuhe oder Hallen- Turnschuhe
- 635 x Revoltec 2x 15" LED Ambiente LCD TV Backlight Set Beleuchtung Lichtleisten RM103
- 634 x Sam´s Pet Kratzbaum Polly Katzenbaum Kletterbaum
- 614 x Kratzbaum leopet® Katzenkratzbaum Katzenbaum Sisal deckenhoch Kletterbaum
- 614 x 10W 30W 50W LED Flutlicht Scheinwerfer Außen Strahler Fluter Baustrahler IP65
- 611 x FUXTEC 3er Axt-Set Spaltaxt Axt Beil Spalthammer Spaltkeil Spaltbeil
- 607 x LED HighPower Strahler 10 Watt Gartenstrahler Fluter Wandlampe Aussenlampe

- 598 x Original Samsung Galaxy S4 LTE GT-i9505 Display Screen schwarz dark black
- 596 x Aufputz Schalter Programm Feuchtraum IP54 AP Steckdose Taster Kombination Doppel
- 593 x Damen Trachten Lederhose m.Trägern db lang Gr.34 bis 50
- 591 x Intenso 16GB Micro SDHC Speicherkarte Class 10 Card inkl. SDHC SD Karte Adapter
- 582 x SURPLUS™ Raw Vintage OUTDOOR TROUSERS QUICKDRY Trekking Hose
- 576 x [4,78€/1L] 5 LITER MOTORÖL MOTORENÖL
- 576 x Kleiderständer verstellbar 4 Rollen Kleiderstange Rollenständer Garderobenstände
- 569 x 2x s`luce iLight RGB/W LED Leuchtmittel + 1x Fernbedienung / Fassung E27 o. GU10
- 562 x FIFA 15 Fussball 2015 PC CD Key - FIFA 2015 EA Sport Origin Download Key Code DE
- 557 x Adidas Schiedsrichter Trikot
- 556 x KLIMMZUGSTANGE TÜRSTANGE RECKSTANGE TURNSTANGE TÜRRECK
- 552 x Wäschekorb BAMBUS WÄSCHESAMMLER Wäschebox
- 550 x SONY PlayStation 4 PS4 SCHWARZ 500 GB SPIELEKONSOLE & SONY CONTROLLER WOW
- 550 x Apple iPhone 5s 16GB Smartphone 8 Megapixel Kamera Handy iOS7
- 545 x Kupferrohr in 5 m Stange 12, 15, 18, 22, 28, 35, 42, 54 mm Kupfer CU
- 545 x Samsung Galaxy S5 Mini Smartphone 16GB 8 Megapixel Kamera Android 4.4 Weiss
- 543 x LG G2 MINI ANDROID SMARTPHONE 8MP KAMERA 8GB BLUETOOTH HANDY WLAN GPS UMTS
- 539 x PAULGOS Trachtenhemd Hemd Trachten Karohemd Rot Blau Weiss Kariert
- 537 x 7 ZONEN AQUAFLEX-K1 WELLNESS DREAM MATRATZEN
- 530 x Sony Playstation 4 / PS4 + Destiny (Bundle) [EU]
- 528 x PS3 SONY PlayStation 3 DualShock 3 Wireless Controller / (original) PS 3
- 518 x Puma evoPOWER 3 FG oder Momentta FG - Nocken Fussballschuhe Fussball Schuhe
- 517 x Dirndl 3 tlg. Trachtenkleid braun m. beiger Stickerei und Schürze Gr. 34-52 Neu
- 515 x Wandhalterung Halterung LCD TV 3D LED PLASMA neigbar + ausziehbar + schwenkbar
- 512 x SWEES 3g 5.0" Android Handy Handys Ohne Vertrag Simlock 4.2 Dual Sim Smartphone
- 506 x NEU DESIGNER DAMENSCHUHE PAILETTEN STIEFELETTEN STIFEL NIETEN
- 505 x Bestway Luftbett mit Pumpe Gästebett Bett Matratze Luftmatratze selbstaufblasend

- 500 x SAMSUNG GALAXY S3 III MINI GT-I8190/I8200N PEBBLE-BLUE 3G SMARTPHONE
- 500 xLG D605 L9 II ANDROID SMARTPHONE 8MP KAMERA BLUETOOTH HANDY WLAN 4GB MP3
- 500 x PAULGOS Trachtensocken Kniestrümpfe Kniebundstrümpfe lang Trachten Socken
- 497 x HERREN TRACHTEN LEDERHOSE DUNKELBRAUN 46-62 TRACHTENSET BLAU HEMD
- 493 x XBOX ONE 360 LIVE GOLD CARD Karte Code 3 MONATE Month NEU PER EMAIL
- 492 x INTEX Luftbett mit Pumpe Gästebett Bett Matratze Luftmatratze selbstaufblasend
- 488 x STEGOL1035 Herren Pullover Sweat Hoodie Sweatshirt
- 481 x Hochflor Shaggy Langflor Teppich versch. Farben u. Grössen
- 480 x NEU MUSTANG Jeans Herren Tramper 2 Modelle Klassiker Jeans aus 100 % Baumwolle
- 478 x Silbermünze Bald Eagle aus Canada 5$ 2014 1oz Silber
- 473 x Trachtenset A Trachtenlederhose dunkelbraun Gr.46-60 + Trachtenhemd rot
- 468 x GEWISS BRÜSTUNGSKANAL 70x100/70x130 BR SCHACHT ELEKTRO FENSTERBANK KANAL+ZUBEHÖR
- 466 x Oktoberfest Zelt Garten Pavillon 3x6
- 465 x TABLET PC LADEKABEL USB FÜR SAMSUNG Galaxy Tab 2 10.1 GT-P5100
- 457 x Die Sims 4 Limited Edition Key EA Origin The Sims 4 Download Code [PC] [DE/EU]
- 456 x NEU PANTOFOLA D'ORO Sneaker Herren Lifestyle Turnschuhe Exklusiv Sportschuhe
- 453 x 6 x BRAUN CCR3 REINIGUNGSKARTUSCHEN CCR 3 - LEMONFRESH
- 452 x CUBOT GT95 4 Zoll Dual Core Smartphone
- 450 x TOP 7 ZONEN WATERDREAMCELL PREMIUM KOMFORT MATRATZE 7 ZONEN NACH WAHL
- 446 x Fussball Fussbälle Trainingsball Ball Bälle - verschiedene Modelle und Größen
- 425 x Umzugsdecken 130 x 200 cm Packdecken Möbeldecken Lagerdecken Transportdecken
- 422 x Schuhregal Schuhschrank Schuhständer Schuhkarussell Schuhablage Regal 96 Schuhe
- 418 x G542 Damen Jeans Hose Hüfthose Damenjeans Hüftjeans Lederimitat Leder – Look
- 417 x Canon PIXMA MG5550 Multifunktionsgerät (Drucker, Kopierer, Scanner, USB, WLAN)
- 413 x PIRATENTUCH BANDANA KOPFTUCH
- 412 x Obstpresse incl. Presstuch Maischepresse Weinpresse Apfelpresse Saftpresse Saft

- 411 x STECKREGAL LAGERREGAL KELLERREGAL REGAL WERKSTATTREGAL SCHWERLASTREGAL
- 409 x MEGA XXL Loom Komplett Set Gummibänder Armbänder Loom Bandz Band STARTERSET
- 408 x PAULGOS Trachtenschuhe Haferl Haferlschuhe Echt Leder Trachten Schuhe + Socken
- 407 x Warme Mantel Damen Winterjacke Fleecejack mit Kapuze in 4 Farben+Gr. 34-42+NEU
- 406 x Bierzeltgarnitur Biertischgarnitur
- 406 x FIFA 15 - EA Sports FIFA Fußball 2015 - PS3 Playstation 3 Spiel
- 405 x WOW - NEBULUS SHIRT BORGER, Herren, Pulli, T-Shirt, langarm
- 405 x ZIMMERMANN Bremsen Kit Bremsscheiben + Bremsbeläge Set KOMPLETT vorne
- 403 x BOSCH Akkubohrschrauber GSR 14,4-2-LI in L-Boxx, 2 Akkus 1,3 Ah und Ladegerät
- 403 x Innenraumfilter Pollenfilter Microfilter Kohleaktiv Aktivkohle
- 402 x Bierzelt 3x6m Partyzelt Gartenzelt Festzelt Pavillon Zelt Gartenpavillon
- 401 x Slazenger Herren Trainingshose
- 401 x Herren Halbschuhe Sneakers & Schnürer Freizeit Schuhe
- 399 x Umzugskartons Profi - 2-wellig 600 x 330 x 340mm
- 393 x 4x BOSCH Zündkerze Super Plus KOMPLETT SET
- 392 x 5 Tinte Patronen für HP364 Drucker Officejet 4620 4622 4610 Photosmart 5520 5522
- 388 x Nokian WR D3 205/55 R16 91H M+S Winterreifen
- 386 x Gigaset C610A Duo schnurlose Telefon mit Anrufbeantworter
- 386 x Kratzbaum Katzenkratzbaum Katzenbaum Kletterbaum SISAL Katzen XXL deckenhoch
- 384 x Coin Card Belgien 2 Euro 2014 Stgl. Rotes Kreuz im Blister von Historia Hamburg
- 375 x Display für iPhone 5 mit Original RETINA LCD Glas VORMONTIERT Komplett SCHWARZ
- 372 x Sportsitz Chefsessel Stuhl Bürostuhl Drehstuhl Racing Schalensitz Büro PU Leder
- 369 x Original Longboard RAM, My AREA, Mindless Komplett Skateboard 2014
- 369 x 3 in 1 Benzin Laubsauger 1PS Laubbläser Laubhäcksler Gartenhäcksler
- 364 x BVB 09 Borussia Dortmund Trikot Puma
- 362 x NEU TIMBERLAND Halbschuhe & Stiefel Winterschuhe Boots 6" für Damen & Herren
- 361 x Silbermünze Maple Leaf 2013 Sonderausgabe Jubiläum 1oz
- 354 x OSRAM H7 NIGHT BREAKER UNLIMITED 2er-Box DUO 64210NBU-HCB 12V 55W

- 351 x Kappa Racing Schuhe Tyllin Sportschuhe Laufschuhe Sneaker zwei Modelle
- 351 x REFLEKTIERENDE WARNWESTE SICHERHEITSWESTE UNFALLWESTE ORANGE
- 350 x Nokia Lumia 625
- 348 x Apple iPad Air WiFi 16GB WLAN Tablet PC 9,7 Zoll Retina Display
- 344 x Personenwaage Digital Waage Körperwaage Gewichtswaage Badwaage Badezimmerwaage
- 337 x MEDION MD 14775 Mikrowelle 700 Watt 17 Liter
- 334 x Harry Potter Komplettbox Teil 1+2+3+4+5+6+7.1+7.2 * NEU OVP * 8 DVD Box
- 324 x Buderus Logatrend Kompakt Heizkörper H: 600 mm x L: 400-3000 mm inkl. Halterung
- 321 x 1,7 Liter Edelstahl Wasserkocher Schäfer schnurlos 2200 Watt 360° drehbar
- 318 x PHILIPS Sonicare Schall Zahnbürste HX6902 Intervaltimer
- 315 x Küchenwaage Haushaltswaage Digitalwaage 7000g/1g
- 312 x Nintendo 3DS XL weiss// Super Mario 3D Land
- 312 x 205/55 R16 91H Continental WinterContact TS850 Winterreifen
- 310 x Universal Achsmanschette zum kleben ohne Ausbau des Antriebswellengelenks
- 310 x 3 tlg Badset Klopapierrollenhalter + Klobürste +Eimer Toilettenpapierhalter
- 307 x Schminktisch inkl. Hocker + Spiegel Frisierkommode Frisiertisch Kosmetiktisch
- 305 x BEATS by Dr. Dre Solo HD OnEar Kopfhörer Kopfbügel Ohrhörer - Rot
- 302 x EDELSTAHL BRIEFKASTEN POSTKASTEN WANDBRIEFKASTEN
- 297 x Sat Receiver SKYMASTER DX Digital Satelliten Receiver Scart digitaler Empfänger
- 296 x GARDEROBENSTÄNDER KLEIDERSTÄNDER
- 287 x LEGO 42030 TECHNIC Radlader VOLVO L350F
- 279 x NIKOS SCULPTURE HOMME 100 ml Eau de Toilette edt Men Man
- 275 x Maschendrahtzaun Set Drahtzaun
- 275 x Racing Bürostuhl Schwarz Sportsitz Chefsessel Stuhl Drehstuhl
- 274 x 3 in 1 APFELSCHÄLER APFELENTKERNER APFELSCHNEIDER APFELSCHÄLMASCHINE
- 274 x Adidas Langarm Herren Kinder Torwart Trikot Goalkeeper Shirt Teamwear Jersey neu
- 266 x 2x Montage Kleber 370g PATTEX Alleskleber Universalkleber Kraftkleber Baukleber
- 265 x 4 LED Kerzen mit Fernbedienung flammenlose Echtwachskerzen Wachskerze
- 259 x Kleiderbügel Holz Holzkleiderbügel
- 256 x 207 TLG Werkzeugkoffer Werkzeugkiste Chrom Vanadium CV Schlüsselsätze
- 256 x BRAUN Zahnbürste Triumph 5500 + 2. Handstück mit Smart Guide oral-b 5000 Serie

- 255 x 3 Tage Berlin in unserem neuen 3*s Victor's Hotel Berlin - Tegel
- 251 x Samsung Galaxy Tab 4 SM-T530 16GB
- 251 x TROTEC TTK 50 E Luftentfeuchter Bautrockner Entfeuchter Raumentfeuchter bis 16 L
- 248 x Ravensberger MEDIMED 7-Zonen 44-Leisten BUCHE Lattenrost
- 242 x Nike AIR MAX Herren Schuhe Classic
- 242 x Grundig TA 5040 Premium-2-Schlitz-Toaster, Toastautomat (1000W)
- 238 x Matratzenschoner Matratzenunterlage Matratzen Unterlage
- 235 x BAUKNECHT Wärmepumpentrockner TK Ecostar 8A+ Trockner Wäschetrockner
- 233 x Buderus Ventil Heizkörper Bauhöhe 600 mm Typ 11, 21, 22, 33 auswählbar
- 228 x 10x Nemaxx FL2B Rauchmelder Feuermelder Brandmelder Warnmelder DIN EN 14604
- 228 x Prepaid Handy SIM-Karte 9,90€ Guthaben blau.de 9 Cent/Min Base E-Plus Ortel
- 226 x Funktionsbett Kojenbett Kinderbett Jugendbett Kiefer massiv weiß + Lattenrost
- 224 x CROCS BEACH CLASSIC CLOGS SANDALE SCHUHE BADESCHUHE
- 222x Flexibel dehnbarer Wasserschlauch Gartenschlauch Schlauch
- 221 x Scooter Roller Tretroller Cityroller Kinderroller klappbar
- 219 x Kinderzelt Bällebad Babyzelt Spielhaus Spielzelt + 100 Bälle + Tasche neu
- 219 x Duschtür Pendeltür Nischentür Duschabtrennung 680-1400mm
- 212 x Kurzhanteln Hanteln Gewichte Hantelscheiben Hantel Set Krafttraining MASSIV 30KG
- 210 x Makita Akku Schlagbohrschrauber
- 209 x BVB Borussia Dortmund Heim Auswärts Stutzen Puma Gr. 31-49 Strümpfe Socken
- 208 x Jean Paul Gaultier 2 EDP 120ml Eau de Parfum
- 207 x Clean Maxx Zyklon Bodenstaubsauger 2200W beutellos
- 205 x 12 kg Royal Canin Feline Maine Coon Adult - Premium Katzenfutter - große Rassen
- 202 x 2x Schwalbe Fahrrad Schlauch AV | 12» - 29» Autoventil alle Größen+Breiten 1Paar
- 201 x Edelstahl Toilettenpapierhalter WC Rollenhalter
- 200 x Hoover DYC 7913 NBX Kondenstrockner 9 kg EEK B Wäschetrockner
- 199 x 5,2 PS 4in1 BENZIN Rasenmäher mit Selbstantrieb
- 198 x 6kg Royal Canin Urinary LP 34 S/O
- 196 x WC Hebeanlage Hebefix HS600 Fäkalienpumpe Kleinhebeanlage
- 195 x Toilettensitz Toilettendeckel Klodeckel Wc Sitz Deckel mit Absenkautomatik
- 191 x KINDERHOCHSTUHL KOMBIHOCHSTUHL HOCHSTUHL BABYHOCHSTUHL
- 189 x 500 TABLETTEN MACA POTENZ TESTOSTERON MUSKELAUFBAU KRAFT BESTE QUALITÄT
- 185 x 12x5= 60 L Power Cat Magic Silikat Katzenstreu

- 185 x Strandkorb Schutzhaube Schutzhülle Abdeckung Abdeckplane Strandkorbhülle
- 180 x FOLIATEC BREMSSATTELLACK in ROSSO ROT Bremssattel Lack Bremssattelfarbe 2160
- 175 x LEINWAND BILDER XXL ! FERTIG AUFGESPANNT!
- 171 x PROFI DESIGN ENTSAFTER SAFTPRESSE 1000W ELEKTRISCH
- 167 x Stall 1 PL Kaninchenstall Hasenstall
- 161 x Edelstahl Duschrinne 60 - 100cm Siphon Dusch ablauf befliesbar Ablaufrinne Boden
- 159 x Kombi-Kinderwagen Kinderwagen VIP + Geschenke+Lieferbar in 35 Farben
- 153 x Edelstahl französischer Balkon Geländer
- 153 x LED Design Polsterbett
- 146 x GROHE Eurosmart + Wasserhahn, Waschtischarmatur, Einhandarmatur
- 128 x Handhubwagen Hubwagen Gabelhubwagen PU 2500kg
- 122 x Faltschrank Campingschrank Stoffschrank Kleiderschrank, rot blau creme
- 116 x 12V Elektrische Seilwinde 5909 KG Motorwinde Offroad 12 Volt + Funkfernbedienung
- 110 x ELMO Lederhaut Rindsleder Lederlappen Leder ca. 3,8 qm
- 102 x 2 x Extreme Detox Darmreinigung + 2 x Acai Berry Beere Fettverbrennung
- 1 x PELZ PELZMANTEL MANTEL LUCHS JACKE FUR COAT LYNX FUR мех рысь CITES= LYNX RUFUS für €12.000,00
- 1 x ROLEX „Daytona“ Ref.116509 Weißgold! Zifferblatt+Lünette nicht original v. Rolex für €15.900,00
- 1 x GLASHÜTTE ORIGINAL *Senator Chronometer* 18K WG, Leder, Ref. 1-58-01-01-04-04 für €11.500,00
- 1 x Chopard Ohrclips „La Strada“ NEU! mit 172 Brillanten 2.53 ct. in 18K WG für €10.565,00
- 1 x ROLEX DAYTONA GOLD 750 116528 CHRONOGRAPH AUTOMATIK PAUL NEWMAN Herrenuhr für €16.990,00
- 1 x CARTIER TRINITY ARMREIF GOLD 750 BRILLANTEN SCHMUCK Diamanten Armband Armkette für €12.990,00
- 1 x ROLEX DAYTONA 116518 GOLD 750 CHRONOGRAPH AUTOMATIK REHAUT Herrenuhr Chrono für €11.990,00
- Audemars Piguet EWIGER KALENDER Minutenrepetition von ca 1910 18KTGoldTaschenuhr für €35.000,00
- ROLEX DAYTONA 18CT WEISSGOLD- REF 116519 - von 6/2014 - NEU/ UNGETRAGEN für €15.400,00
- BREGUET 18K WEISS GOLD LINEARER EWIGER KALENDER für 14.160,00

Insgesamt gehören folgende Artikel zu den Bestsellern der 432 analysierten Umsatzmillionäre:

- Abendkleider
- Alarmanlagen, Bewegungsmelder, Rauchmelder
- Apple-Produkte – die komplette Palette
- Autobatterien
- Autoradios
- Autoreifen und Felgen
- Autositzbezüge
- Autowaschbürsten
- Autoreparaturzubehör in allen Variationen vom Katalysator über Blinker, Stoßstangen
- Babybetten und Zubehör wie Matratzen und Bettwäsche
- Badarmaturen
- Badmöbel wie Duschabtrennungen, Waschbecken, Toilettensitze, WC-Rollen-Halter, Hänge-WC, Duschtassen, Badewannenfaltwände, Duschrinnen, Whirlpools
- Bettwäsche, Spannbettlaken, Matratzenschoner
- Brautkleider
- Balkongitter
- Batterien
- Beamer
- Beetumrandungen
- Bekleidung und Schuhe für Damen und Herren, Schwerpunkt Young Fashion und Sportswear wie Hoodies, Shirts, Boxershorts, Jacken, Wanderschuhe, Trekkingschuhe, Basecaps, Mützen, Socken, Fleecejacken
- Bollerwagen
- Briefkästen
- Bücher und Kalender
- Blu-Ray, CD und DVD und Zubehör wie DVD Rohlinge
- Büromöbel wie Schreibtische, Rollcontainer und Chefsessel
- Bürobedarf wie Drucker und Druckerpatronen, Aktenvernichter
- CD-Brenner
- Computer, Gamer-PCs, Tablets und Laptops und Zubehör von Tastaturen über Monitore, Mäuse, Lüfter bis hin zu Kabeln
- Crocs und Chucks
- E-Book-Reader wie Kindle, Tolino Shine und Zubehör
- Elektrische Zahnbürsten und Ersatzzahnbürsten, Mundduschen, Haarschneider, Nasenhaartrimmer, Lockenstäbe, Rasierer und Zubehör

- Enthärtungsanlagen
- Externe Festplatten und Speichersticks, Speicherkarten
- Fahrräder und Zubehör, Fahrradlifte, Elektrofahrräder
- Fernseher
- Festnetztelefone
- Fotobücher
- Fototapeten, Raufasertapeten
- Gastrobedarf wie Pizzaofen, Dönergrill, Besteckpoliermaschinen
- Gas-, Wasser-, Heizungszubehör wie Thermostate und Thermostatköpfe, Heizkörper, Hebeanlagen, Kupferrohre, Winkelrohre, Steuerungen für Heizungspumpen
- Hochdruckreiniger und Fenstersauger
- Gartenhäuser und Geräteschuppen
- Gartenmöbel wie Gartenbänke, Partyzelte, Biertischgarnituren, Auflageboxen, Sichtschutz in allen Variationen
- Gartengeräte wie Rasenmäher, Rasentrimmer, Heckenscheren, Laubbläser, Rasentraktoren, Aufsitzmäher
- Gold- und Silberbarren
- Grills
- Gummistiefel und Badelatschen
- Handys, Smartphones und Handyzubehör wie Akkus, Cover, Ladekabel
- Haushaltsartikel wie Wäschekörbe, Wäschespinnen
- Haushaltshelfer wie Wischtücher, Wischmops
- Haushaltsgeräte wie Bügelstationen, Bügeleisen, Staubsauger, Akkusauger, Nähmaschinen, Waschmaschinen und Trockner
- Heimwerkerzubehör wie Akkuschrauber, Bohrhammer, Akkulampen, Winkelschleifer, Bohrmaschinen, Bautrockner, Luftentfeuchter, Leitern, Alleskleber, Sägen, Äxte, Seilzüge, Umlenkrollen, Stromerzeuger, Bleiakkus, Silikonspray, Schubkarren, Betonmischer, Stemmhammer, Tauchsägen, Kettensägen, Tauchpumpen, Handkreissägen, Poliermaschinen, Heißluftpistolen, Werkstattwagen, Steckschlüsselsatz, Kappsägen
- Heimkinoanlagen
- Holzfliesen, Terrassenfliesen
- Hubwagen
- Jalousien, Rollos, Rollladenmotoren
- Kameras und Zubehör
- Kamine, Öfen, Gasheizer, Radiatoren, Heizstrahler und Zubehör
- Kabel in allen Variationen
- Konsolen, Spiele und Zubehör

- Küchengeräte wie Backöfen, Kühlschränke, Gefrierschränke, Mikrowellen, Kaffeevollautomaten, Einbauherd
- Küchen und Küchenmöbel
- Kindermöbel wie Kinderhochstühle, Jugendzimmer, Kinderbetten, Wiegen, Wickeltische
- Kinderwagen
- Kleingeräte Küche wie Bratpfannen, Entsafter, Wasserkocher, Toaster, Obstpressen, Rührgeräte, Mixer, Küchenmaschinen, Kaffeemaschinen, Wasserfilter, Wassersprudler, Knetmaschinen
- Kleinmöbel wie Schirmständer, Fußmatten, Garderobenständer, Kleiderständer, Bilderrahmen
- Koffer und Zubehör wie Kofferbänder, Motorradkoffer, Werkzeugkoffer
- Kopfhörer
- Lampen und Leuchten, Leuchtmittel, Lichtleisten, Glühbirnen, Strahler, Fluter und Spots in allen Variationen, Deckenlampen, Wandlampen, Einbaustrahler, Außenlampen
- Lautsprecher
- Leinwandbilder
- Luftbetten
- Maschendrahtzäune, Weidezäune und Zubehör wie Pfostenkappen, Pfostenträger
- Männerspielzeug wie Modelleisenbahnen und Zubehör, Quadcopter, Helikopter, Pokerkoffer, Carrera-Rennbahnen, Modellautos, Kickertische
- Mediaplayer
- Medikamente
- Möbel – speziell Regale in allen Variationen vom Schuhregal über Steckregale bis hin zum Schwerlastregal, Betten und Matratzen, Lattenroste, Wohnwände, Stühle, Sitzsäcke, Massagestühle, Faltschränke, Tische
- Münzen und Zubehör wie Münzkapseln
- Nahrungsergänzungsmittel
- Outdoorspielzeug wie Spieltürme, Klettertürme, Schaukeln, Sandkästen, Trampoline
- Prepaidkarten
- Reitzubehör Sättel, Schabracken, Weidedecken, Reitstiefel, Reithosen
- Satellitenantennen
- Sat-Receiver
- Saunen
- Schuhspanner
- Skateboards/Longboards
- Ski von Skimode über Skier bis zu Skihelmen

- Solarmodule
- Sportmode von Sportschuhen über Sporttaschen bis hin zu Trainingsanzügen, Trainingsjacken, Trikots, Wanderhosen
- Sportgeräte wie Hanteln, Gymnastikbälle, Yogamatten, Reckstangen, Laufbänder, Fußbälle
- Steckdosen, Steinsteckdosen
- Stereoanlagen
- Swimmingpools
- Taschen und Geldbörsen
- Teichzubehör
- Teppiche, Stufenmatten
- Tierbedarf von Tierfutter über Kratzbäume, Käfige, Hundebetten, Kaninchenställe, Hundehütten
- Trachtenmode für Damen und Herren
- Tresore
- TV-Wandhalterungen
- Türbeschläge
- Uhren und Schmuck und Zubehör wie Schmuckkästen
- Verbandskästen und Werkzeugkästen
- Verpackungsmaterial von Umzugskisten über Luftpolsterfolien, Klebeband und Versandmaterial
- Waagen, hier speziell Feinwaagen
- Wärmebildkameras
- Wasserpfeifen

Nachwort

Auch wenn die analysierten Verkäufer alle in der eBay-Oberliga spielen, erkennt man in allen Bereichen, dass sie eine sehr heterogene Gruppe sind.

Deutlich wird das z. B. bei den Durchschnittspreisen, die zwischen 5,65 Euro und 5.142 Euro liegen, bei den Bewertungsprofilen, die zwischen weniger als 1.000 Bewertungen und mehr als 2.000.000 Bewertungen liegen und es geht weiter über die Anzahl der eingestellten Angebote, die der angebotenen Artikel, der Anzahl der verkauften Artikel bis hin zu der Anzahl der erhaltenen Gebote.

Gerade das macht aber die Auswertung auch interessant, weil sie ein sehr breites Spektrum an unterschiedlichen Verkäufern abdeckt und damit einen umfassenden Blick auf den eBay-Marktplatz ermöglicht.

Die Auswertung zeigt, wie viel Potenzial bei eBay vorhanden ist und dass nicht alle Verkäufer, die in der eBay-Oberliga spielen uneinholbar sind. Im Gegenteil: Einige der analysierten Verkäufer könnten deutlich besser dastehen, wenn sie ihre Angebote perfektionieren würden, aber sie lassen damit eben auch Platz für Newcomer, und wie man sieht, haben es auch einige Newcomer recht schnell nach oben geschafft.

Mein Eindruck ist, dass eBay sich in den letzten zwei Jahren professionalisiert hat. Es gibt heute mehr Verkäufer, die mehr als 100.000 Euro Umsatz im Monat machen, und unter diesen Verkäufern steigen die Umsätze insgesamt. So haben bereits vier Verkäufer einen Umsatz von mehr als 2 Millionen Euro im Monat und einer sogar mehr als 3 Millionen Euro generiert, 2012 lag der höchste Umsatz bei den analysierten Umsatzmillionären noch bei knapp 1,2 Millionen Euro.

Die zunehmende Professionalisierung zeigt sich in vielen Bereichen.

So sind die Templates insgesamt professioneller geworden – einige Verkäufer verwenden Bilder, die durchaus mit Bildern in Hochglanzmagazinen mithalten können.

Es sieht ein wenig danach aus, als würde sich bei eBay die Spreu vom Weizen trennen.

eBay gelingt es heute, Käufer anzuziehen, die Vertrauen zu eBay haben und bereit sind, auch teure Artikel bei eBay zu kaufen.

So ist der Durchschnittspreis bei eBay seit 2012 deutlich gestiegen und auch bei den teuersten verkauften Artikeln bestätigt sich die Tendenz, dass das Vertrauen in eBay wächst und die Käufer mehr als noch vor zwei Jahren bereit sind, hochpreisige Artikel bei eBay zu kaufen.

Aufgefallen ist mir, dass sich unter den Bestsellern wenig „emotionale Produkte" befinden und viele Produkte eher Männer als Frauen ansprechen.

Mit den Artikeln, die wir auf der Bestsellerliste finden, kann man komplette Häuser bauen – abgedeckt wird alles, was das Heimwerkerherz begehrt.

Auch die komplette Inneneinrichtung finden wir auf der Bestsellerliste – das fängt mit der Steckdose an, geht über Waschbecken, WCs und Duschabtrennungen bis hin zu Küchenmöbeln, Waschmaschinen, Trocknern, Mikrowellen, Matratzen und Lattenrosten bis hin zur Deko wie Leinwandbilder.

Gearbeitet werden kann die ganze Nacht, denn auch Licht gibt es bei eBay in Hülle und Fülle und in allen nur erdenklichen Variationen.

Ist das Haus fertig, fängt die Arbeit mit dem Garten an und auch hier finden wir von der Terrassenfliese bis hin zum Teichzubehör wieder alle Produkte auf der Bestsellerliste.

Für den Hund gibt es noch eine Hundehütte, die Katze bekommt einen neuen Kratzbaum und die Kaninchen einen Stall. In der Garage wartet dann das Auto und auch hier findet der Bastler auf der Bestsellerliste alles, was er für sein Auto braucht.

Der Umzug ins neue Haus wird auch mit eBay organisiert, Umzugskartons und Verpackungsmaterial stehen auch auf der Liste.

Dr. Stephan Zoll, der Chef von eBay Deutschland, hat kürzlich auf einer Pressekonferenz von „Need" and „Love" gesprochen, dabei ging es grundsätzlich um Neuerungen auf dem eBay-Marktplatz und darum, dass eBay zwischen den Dingen unterscheidet, die die Käufer brauchen, und denen, die sie lieben.

Er hat damit unter anderem die neue Option „Kauf auf Rechnung" angesprochen – es ging also dabei nicht um die Angebote bei eBay, aber mir haben die beiden Begriffe „Need" and „Love" gefallen und wenn ich mir heute die Bestsellerliste ansehe, dann fehlt mir persönlich das „Love", weil die Bestsellerliste von „Need" geprägt ist.

Der Ansatz, den eBay mit den Kollektionen verfolgt, wäre ein Schritt in die richtige Richtung, denn hier sollen Emotionen angesprochen werden.

Auf der Bestsellerliste schlägt sich das noch nicht nieder, dort finden wir „Dinge, die die Welt braucht", aber kaum Dinge, die das Herz höherschlagen lassen und einfach nur „Spaß" machen.

Bei der letzten Auswertung 2012 habe ich auch das Geschlecht der Verkäufer analysiert und dabei festgestellt, dass 87 % der Umsatzmillionäre männlich sind. In diesem Jahr habe ich aus dem ganz einfachen Grund darauf verzichtet, weil nicht immer „drin ist, was drauf steht", das bedeutet, dass, selbst wenn eine Frau im Impressum steht, es durchaus möglich ist, dass sie nur dem Namen nach „an der Front steht".

Wenn ich mir allerdings die Bestseller ansehe, dann ist eBay doch sehr männerlastig und es könnte durchaus Chancen haben, bei eBay mit emotionalen Produkten auch einmal die Frauen anzusprechen. Ich denke, es würde sich lohnen, darüber nachzudenken.

Ich hoffe, ich konnte Sie ein wenig inspirieren und wünsche allen Verkäufern bei eBay viel Erfolg!

Schlusswort

Die Auswertungen wurden mit größter Sorgfalt unter Zuhilfenahme des eBay-Marktanalysetools Terapeak erstellt.

Auswertungszeitraum: Ende August 2014 bis Ende September 2014.

Über die Autorin

Marion von Kuczkowski startete ihre eBay-Karriere 1999 bei eBay USA und erhielt im selben Jahr als eine der ersten Deutschen den Powerseller-Status. Im Jahr 2000 wurde Frau von Kuczkowski als erste Deutsche in die eBay-Elite aufgenommen, den Kreis der Top 500 Seller der Welt (heute PESA). 2002 schrieb sie das erste deutsche Buch zum Thema eBay „Power Selling mit eBay“, 2004 folgte der „eBay Taschenguide“. Beide Bücher wurden zu Bestsellern.

Von 2002 bis 2007 war Marion von Kuczkowski externe eBay-Trainerin auf den eBay Universities, der eBay Live und vielen IHK-Workshops zum Thema eBay. Seit 2002 berät und begleitet sie Unternehmen und Powerseller bei ihren eBay-Aktivitäten. 2006 war sie Initiatorin des weltweit ersten Produktlaunches auf allen globalen eBay-Marktplätzen der Welt.

Quellennachweise

*[1] eBay Fakten Deutschland
http://presse.ebay.de/fakten-deutschland

*[2] 99 eBay Umsatzmillionäre 2012
http://www.amazon.de/dp/B007NR0NUA

*[3] Tamebay
http://tamebay.com/2011/08/ebay-38-of-sales-come-from-a-few-top-sellers.html

*[4] Wortfilter News vom 21.01.2014:“551 Platin-PowerSeller bei eBay Deutschland“ **http://www.wortfilter.de/news14Q1/4779-551-Platin-PowerSeller-eBay-Deutschland.php**

*[5] Die PowerSeller-Elite von eBay.com
www.amazon.de/dp/B00OMAXB1E

4448216R00043

Printed in Germany
by Amazon Distribution
GmbH, Leipzig